日本はなぜ、「基地」と「原発」を止められないのか

矢部宏治

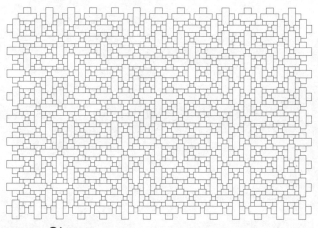

講談社＋α文庫
プラスアルファ

文庫版はじめに

これは、私が初めて一人で書いた本です。

まったく思いもかけなかったことですが、ほとんど無名の著者だったにもかかわらず、発売直後（二〇一四年）からすぐに多くの方々に読んでいただき、結果、一二万部を超すベストセラーとなりました。

おかげで私はそれから五年という決して短くない歳月を、年に一冊ずつ本を書きながら、ほとんどすべての時間を自分の調査と研究に投入できるという、稀有な形で過ごすことができました。その間、支えていただいた読者のみなさまには、この場を借りて心から御礼を申し上げたいと思います。

当初、民主党・鳩山政権の崩壊と福島原発事故に衝撃を受け、「大きな謎を解く旅」（→本書四ページ）としてスタートした私の探求の旅は、その後、日米の軍事密約の構造分析へとフォーカスし、昨年ひとまずその作業を終えることができました。

巻末の「著者自身による解説――「五年前の私」への報告」に、その間わかったことのエッセンスをまとめておきましたので、あわせてお読みいただければ幸いです。

矢部《やべ》宏治《こうじ》

はじめに

みなさん、はじめまして。矢部宏治と申します。

私は二〇一二年、「〈戦後再発見〉双書」（創元社刊）という歴史シリーズを立ち上げ、現在も刊行をつづけています。第一巻目の『戦後史の正体』（孫崎享《うける》著）は、おかげさまで二三万部という大ヒットになりましたので、ご存じの方もいらっしゃるかもしれません。

このシリーズがスタートして少したったころ、読者からメールでこんなメッセージをいただきました。

三・一一以降、日本人は「大きな謎」を解くための旅をしている。

本当にそうだと思います。二〇一一年三月、福島原発事故が起きてから、私たち日本人は日々、信じられない光景を眼にしつづけているからです。

なぜ、これほど巨大な事故が日本で起こってしまったのか。

なぜ、事故の責任者はだれも逮捕されず、被害者は正当な補償を受けられないのか。

なぜ、東大教授や大手マスコミは、これまで「原発は絶対安全だ」と言いつづけてきたのか。

なぜ、事故の結果、ドイツやイタリアでは原発廃止が決まったのに、当事国である日本では再稼働が始まっているのか。

そしてなぜ、福島の子どもたちを中心にあきらかな健康被害が起きているのに、政府や医療関係者たちはそれを無視しつづけているのか。

だれもがおかしいと思いながら、大きな流れをどうしても止められない。解決へ向かう道にどう踏み出していいかわからない。そんな状況がいまもつづいています。

本書はそうしたさまざまな謎を解くカギを、敗戦直後までさかのぼる日本の戦後史のなかに求めようとする試みです。

このあと説明する米軍基地の問題を見てもわかるように、私たちが住むこの日本という国は、とても正常な国家とは言えないのではないか。そのためこれから私たちは、原発や放射能汚染をめぐって大変な事態に直面するのではないか。しかもそうした被害は、二〇一三年一二月に成立した特定秘密保護法によって、すべて国民の眼から隠されてしまうのではないか。さらにはそうして情報が隠蔽《いんぺい》されるなか、今後、日本は政府の勝手な解釈改憲によって、海外で侵略的な戦争をするような国になってしまうのではないか。

そう考え、暗く、重い気もちになることもあります。

しかしその一方、明るく、勇気づけられるような出来事に、日々遭遇することも多いのです。

それは日本のいろいろな場所で、いろいろな人たちが、この「大きな謎」を解くための旅をスタートさせているからです。

私は二〇一〇年から沖縄の米軍基地問題を調べ始め、その後、東京で東日本大震災に遭遇し、福島の原発災害問題にも直面することになりました。本文中にあるように、沖縄の米軍基地問題の取材はまさに驚きの連続、つい最近まで誇りに思っていた日本という国の根幹が、すっかりおかしくなっていることを痛感させられる結果となりました。

しかしその一方で、うれしい発見もあったのです。そうした問題を調べ、自分で本を書くようになってから、わずか数年のあいだに、本当に数多くの尊敬すべき人たちと出会うことができたからです。

いろいろな市民グループ、お母さんたち、官僚、政治家、弁護士、ジャーナリスト、学者、医師、ミュージシャン、俳優、経営者、会社員……、立場はさまざまですが、みな、それぞれのやり方で、この「大きな謎」を解くための旅をつづけている人たちです。そういう人たちは、日本全国に、いろいろな分野にいます。点在していますから目立ちませんが、決して数は少なくありません。

いま、私たち日本人が直面している問題は、あまりにも巨大で、その背後にひそむ闇もかぎりなく深い。

しかし、だからこそ逆に、自分の損得勘定を超えて問題に取り組む人たちの姿が、強い輝きをもって私たちの心に訴えかけてくるのです。

うまく目的地にたどりつけるかどうかは、正直わからない。ただ自分たちは、それぞれの持ち場で最善をつくす義務がある。そして崩壊し始めた「戦後日本」という巨大な社会を、少しでも争いや流血なく、次の時代に移行させていく義務がある。おそらくそれが、「大きな謎」を解くための旅をしている人たちの、共通した認識だと思います。

私もまた、そういう思いでこの本を書きました。本書がみなさんにとって、そうした旅に出るきっかけとなってくれることを、心から願っています。

＊なお、本書は英文での全訳が、ボランティア・グループのみなさんにより、ネット上で公開されています。↓ http://visionrj.com/?p=736

目次

凡例

＊引用中の〔　〕内は著者が補った言葉です。傍点、太字、註も著者によるものです。引用中の漢字、カタカナは一部、ひらがなに替えるなど、現代語訳で表記している箇所があります。

＊図版のキャプションは編集部によるものです。

建物をかすめるようにして、普天間基地へ降りていく米軍機
｜©須田慎太郎

PART 1
沖縄の謎
基地と憲法

沖縄で見た、日本という国の真実

きっかけは沖縄への、たった二週間の撮影旅行でした。

二〇一〇年の秋、写真家と二人で沖縄本島へ渡り、島のすみずみまで歩いて二八ある巨大な米軍基地をすべて撮影する。そして本にするという企画だったのです。

そのとき眼にしたいくつかの風景は、やや大げさに言えば、私の人生を少し変えることになりました。自分が見て、聞いて、そして知った現実を、ひとりでも多くの人に伝えたいと強く思うようになったのです。

たとえば、左の写真をご覧ください。これはその最初の撮影旅行のときに泊まったホテルの屋上から見た風景です。沖縄本島の中部の高台にある、コスタビスタというホテルの屋上から南側を見おろしたところで、遠く左上に見えているのが有名な普天《ふてん》間《ま》基地です。（現在、同ホテルの屋上は閉鎖中）

この屋上にのぼると、普天間基地から飛び立った米軍機が、島の上をブンブン飛びまわっている様子がよく見えます。沖縄というのはご存じのとおり、もともと南北に長く、東西が狭い形をしているのですが、とくにこのあたりは地形がくびれているの

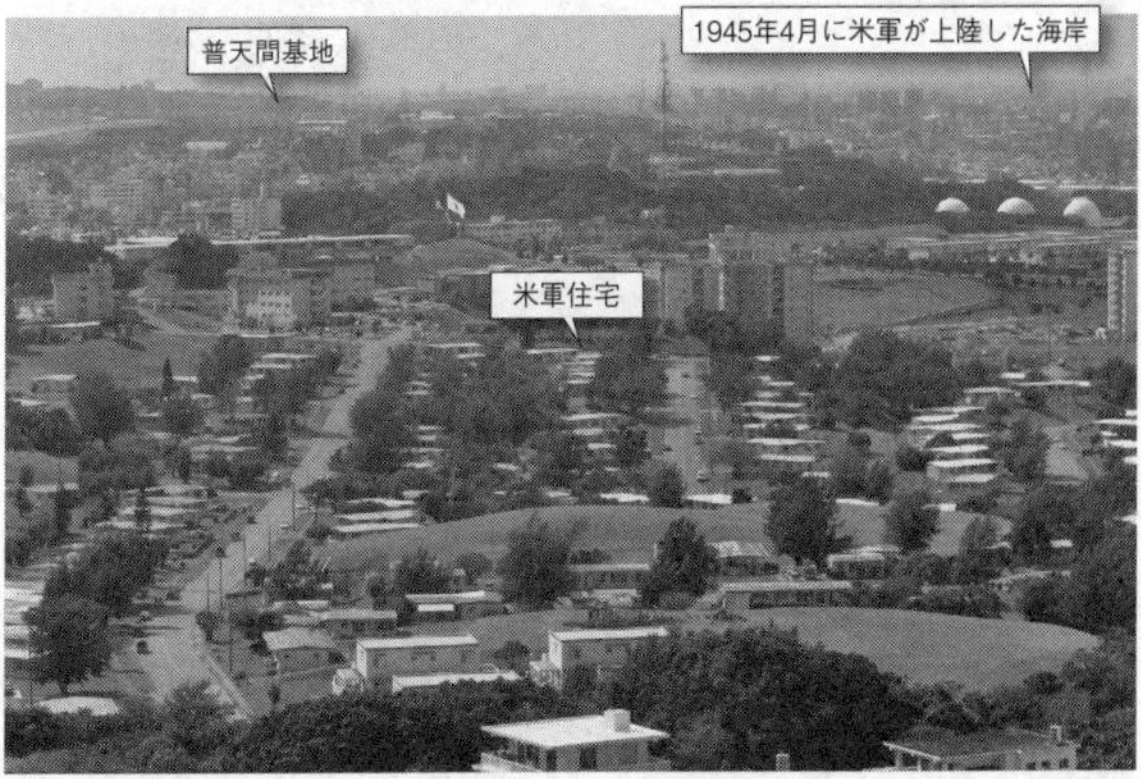

丘の上から見た米軍住宅地区と普天間基地｜©須田慎太郎

で（東西の幅がわずか四キロしかありません）、東側と西側の海が両方よく見えるのです。その美しい景色のなかを、もう陸上・海上関係なく、米軍機がブンブン飛びまわっているのが見える。

あとでくわしく説明しますが、**米軍の飛行機は日本の上空をどんな高さで飛んでもいいことになっています。**もちろん沖縄以外の土地ではそれほどあからさまに住宅地を低空飛行したりはしませんが、やろうと思えばどんな飛び方もできる。**そういう法的権利をもっているのです。**

でもそんな米軍機が、そこだけは絶対に飛ばない場所がある。

どこだかわかりますか？　この写真のなかに写っています。そう、写真の中央にゴルフ場のようなな芝生にかこまれた住宅地があるのですが、これは基地のなかにある米軍関係者の住宅エリアです。**こうしたアメリカ人が住んでいる住宅の上では、米軍機は絶対に低空飛行訓練をしない。**

なぜでしょう？

もちろん、墜落したときに危ないからです。

冗談じゃなく、本当の話です。この事実を知ったとき、私は自分が生まれ育った日本という国について、これまで何も知らなかったのだということがわかりました。いまからわずか八年前の話です。

米軍機はどこを飛んでいるのか

左の図にある米軍機の訓練ルート（二〇一一年八月の航跡図）を見てください。中央の太い線でかこまれているのが普天間基地、その左上と右下の太めの線が東西の海岸線です。普天間から飛び立った米軍機が、まさに陸上・海上関係なく飛びまわっていることがわかる。

でも基地の上、図版の中央上部に、ぽっかりと白く残された部分がありますね。こ

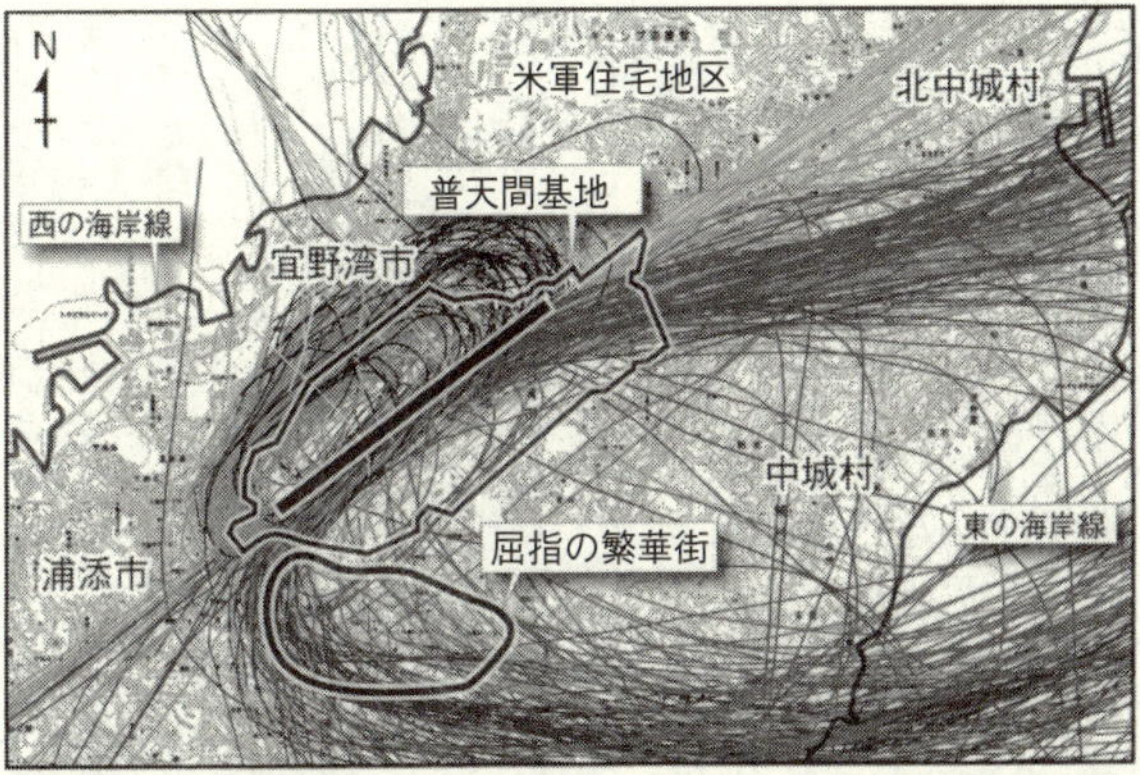

普天間飛行場所属のヘリが2011年8月におこなった旋回訓練の航跡図｜沖縄防衛局調査

れが先ほどの写真に写っている、米軍住宅のあるエリアです。ここだけは、まったく飛んでいない。

一方、普天間基地の下に見える楕円形の部分は、真栄原《まえはら》という沖縄でも屈指の繁華街がある場所です。そうしたビルが立ち並ぶ町の上を非常に低空で軍用機が飛んでいる。さらに許せないのは、この枠のなかには、二〇〇四年、米軍ヘリが墜落して大騒ぎになった沖縄国際大学があることです。

つまり米軍機は、沖縄という同じ島のなかで、アメリカ人の家の上は危ないから飛ばないけれども、日本人の家の上は平気で低空飛行する。以前、事故を起こした大学の上でも、相変わらずめちゃくちゃな低空飛行訓練をおこなっている。簡単に言うと彼らは、アメリカ人の生命や安全についてはちゃんと考えているが、日本人の生命や安全についてはいっさい気にかけていないということです。

これはもうだれが考えたって、右とか左とか、親米とか反米とか言ってる場合ではない。もっとずっと、はるか以前の問題です。いったいなぜ、こんなバカげたことが許されているのでしょうか。

初めてこの事実を知ったとき、当然のことながら米軍に対して強い怒りがこみあげてきました。なんだ、こいつらは日本人を人間あつかいしていないじゃないかと。

しかし少し事情がわかってくると、それほど単純な話ではない。むしろ日本側に大きな問題があることがわかってきます。ここでもうひとつ地図を見てください。

左ページの上の地図は、アメリカ西海岸のサンディエゴにある、ミラマー基地という海兵隊の航空基地とその飛行訓練ルートです。これは伊波洋一《いはよういち》さん（元宜野湾《ぎのわん》市長・現参議院議員）の講演を聞いて知ったことですが、この基地は山岳地帯にあって、しかも普天間基地のなんと二〇倍の広さがあるので、基本的に基地の敷地内だけで旋回飛行訓練ができるようになっているのです。薄いグレーの部分が基地の敷地、斜線の部分が旋回飛行訓練ルートです。これくらいの広さがなければ、アメリカでは

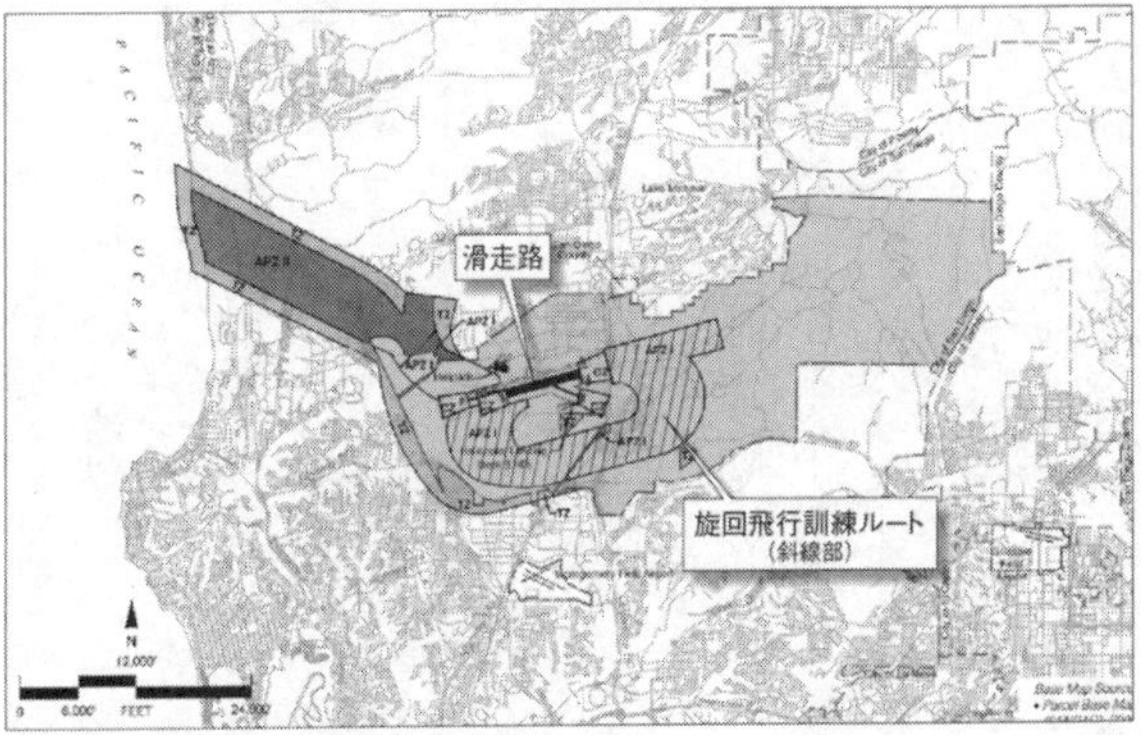

海兵隊ミラマー基地と飛行訓練ルート
MCAS Miramar Airport Land Use Compatibility Plan | Adopted October 2008

そもそも基地として成立しないわけです。(「米軍基地の京都への設置を問う学習集会」での講演／二〇一三年一一月二九日)

さらに基地の左端から海岸に向かって、飛行ルートが延びています(濃いグレーの部分)。中央にある滑走路の延長線上ではなく、滑走路から四五度の角度に延びている。なぜそうなっているかというと滑走路の延長線上に住宅や学校があるからで、その上は飛べないため、斜めに谷間《たにあい》のルートを飛んでいるのです。

つまりアメリカでは法律によって、米軍機がアメリカ人の住む家の上を低空飛行することは厳重に規制されているわけです。それを海外においても自国民には同じ基準で適用しているだけですから、アメリカ側から見れば沖縄で米軍住宅の上空を避けて飛ぶことはきわめて当然、あたりまえの話なのです。

だから問題は、その「アメリカ人並みの基準」を日本国民に適用することを求めず、自国民への人権侵害をそのまま放置している日本政府にあるということになります。

もう一度、一一ページの写真を見てください。米軍にとって他国のはずの日本で、いったいなぜ、このような信じられない飛行訓練が放置されているのでしょうか。

「日本の政治家や官僚には、インテグリティがない」

こうした沖縄の状況は、もちろんアメリカ政府の要望にこたえる形で実現したものです。ですからアメリカ側の交渉担当者は、日本側がどんどん言うことを聞いてくれたら、もちろん文句は言いません。しかしそういうふうに、強い国の言うことはなんでも聞く。相手が自国では絶対にできないようなことでも、原理原則なく受け入れてしまう。しかしその一方、自分たちが本来保護すべき国民の人権は守らない。そういう人間の態度を一番嫌うのが、実はアメリカ人という人たちなのです。だから心のなかではそうした日本側の態度を非常に軽蔑している。

私の友人に同い年のアメリカ人がいて、新聞社につとめているのですが、こうした日本の政治家や官僚の態度について、彼は「インテグリティがない」と表現していました。

「インテグリティ（integrity）」というのは、アメリカ人が人間を評価する場合の非常に重要な概念で、同じ語幹の「インテグレート」は統合するという意味ですから、直訳すると「人格上の統合性、完全性」ということになると思います。つまりあっちとこっちで言うことを変えない。倫理的な原理原則がしっかりしていて、強いものから言われたからといって自分の立場を変えない。また自分の利益になるからといって、いいかげんなウソをつかない。ポジショントークをしない。

そうした人間のことを「インテグリティがある人」と言って、人格的に最高の評価をあたえる。「高潔で清廉な人」といったイメージです。一方、「インテグリティがない人」と言われると、それは人格の完全否定になるそうです。ですからこうした状態をただ放置している日本の政治家や官僚たちは、実はアメリカ人の交渉担当者たちから、心の底から軽蔑されている。そういった証言がいくつもあります。

沖縄の米軍基地をすべて許可なしで撮影し、本にした

こうしたとても信じられない現実を知った驚きが、沖縄から帰って私が米軍基地の本を書いたり、「はじめに」でふれた「〈戦後再発見〉双書」という歴史シリーズを立ちあげる原動力になりました。

米軍基地の本というのは、先にふれた撮影旅行でつくった『本土の人間は知らないが、沖縄の人はみんな知っていること――沖縄・米軍基地観光ガイド』（書籍情報社）のことです。

沖縄にある二八の米軍基地をすべて許可なしで撮影し、解説を加えています。「〈戦後再発見〉双書」は、私がこの本を書いたことがきっかけで、スタートすることになりました。

いま、米軍基地をすべて許可なしで撮影し、本にしたと言いましたが、本当はそんなことをしては危ないのです。だいたい軍事基地というのは、海外では近くでカメラを出しただけで没収され、連行されてしまいます。

ロシアの専門家である孫崎享さん（『戦後史の正体』著者・元外交官）に最初にお会

いしたとき、

「よくこんな本をつくりましたね。ロシアだったら、あなたとカメラマンはまちがいなく射殺されてますよ」

と言われました。沖縄で車の運転を頼んだ年配のドライバーも、

「戦前の日本軍だったら死刑さぁ」と言っていました。

もちろんいまの日本では、そんなことはありませんが、最悪逮捕されることはありえると思っていました。というのは、撮影を始めてからわかったことですが、米軍を日本に駐留させるにあたってつくられた「刑事特別法」という特別な法律があって、そうした撮影が軍事情報の漏洩と判断されたら、一〇年以下の懲役になってしまうからです。これは安倍政権が二〇一三年に成立させた特定秘密保護法の原型ともいうべき法律で、非常に重い罪が設定されているのです。

二〇一〇年六月、鳩山・民主党政権の崩壊

それなのに私のような気の小さい人間が、なぜそんなことをしたかと言いますと、それはいまから九年前、非常に怒っていたからです。なにに対してかというと、鳩山

民主党政権の無残な崩壊に対してでした。

鳩山由紀夫さんの歴史的評価は、さまざまだと思います。政治は結果責任だという考えからすれば、非常に低い評価しかあたえられない。事実、鳩山政権の登場した前とあとで、日本の政治は信じられないほど悪くなっています。その責任はきわめて重い。多くの人が、もう民主党政権のことは思い出したくもないと思っている。実は私もそうなのです。

しかし二〇〇九年の八月、多くの日本人が、さすがに自分たちはもう変わらなければいけないと思った。そのことは事実です。戦後ずっと、日本はかなりうまくやってきた。アメリカの弟分（ジュニア・パートナー）としてふるまうことで、敗戦国から世界第二位の経済大国にまでのぼりつめた。しかしそのやり方が、さすがに限界にきてしまった。多くの人がそう思ったのではないでしょうか。

だから戦後初の本格的な政権交代が起こった。国民の支持も非常に高かった。なにかやってくれるんじゃないか。日本が変わるべきときに、変わるべき方向を示してくれるんじゃないか。いまではすっかり評価を落としてしまいましたが、当時はそういう大きな期待を集めた政権でした。

本当の権力の所在はどこなのか？

けれども二〇〇九年九月に成立した鳩山政権は、わずか九ヵ月しか続きませんでした。とくに問題だったのは、その倒れるまでのプロセスです。

もうかなり昔のことになってしまったので、記憶にない方も多いかもしれませんが、まず鳩山政権が誕生する半年前の三月三日、当時民主党代表だった小沢一郎氏の公設秘書が、政治資金規正法違反の容疑で逮捕されました。いわゆる「小沢事件*」の始まりです。鳩山さんはそのときはまだ、同党のNo.2である幹事長でした。

遅くとも半年後には総選挙が予定されており、そこで首相になることが確実視されていた野党第一党の党首を、まったくの冤罪（その後、裁判であきらかになりました）で狙い撃ちしたのですから、これは完全な国策捜査でした。

しかし本書では、この三月の時点での検察の攻撃を問題にするつもりはありません。もちろんあってはならないことですが、実は歴史のなかでこれは非常によくあるケースだからです。検察というのは、独立性は高いが行政機関ですから、政権の座にいる権力者（この場合は自民党）が政敵を失脚させるために検察を使う。これは日本でも海外でもよくある話です。

ところがこの二〇〇九年のケースが異様だったのは、九月に民主党が政権をとったあと、それでも、検察からの攻撃がやまなかったことでした。鳩山首相と小沢幹事長、つまり国民の圧倒的な支持を得て誕生した新政権の№1と№2を、検察がその後もずっと野党時代と変わらず攻撃しつづけた。検察からリークを受けた大手メディアも、それに足並みをそろえた。

この時点で日本の本当の権力の所在が、オモテの政権とはまったく関係のない「どこか別の場所」にあることが、かなり露骨な形であきらかになったわけです。

*―この時点では「西松建設事件」。のちにこの事件は公判を維持できなくなり、政権交代後、「陸山会事件」が訴因に加えられました。この二つをあわせて、「小沢事件」と呼びます。「西松建設事件」での秘書の逮捕から二ヵ月後、小沢氏は民主党代表を辞任し、その後おこなわれた党内選挙の結果、鳩山氏が代表に就任し、三ヵ月後の総選挙で勝利しました。

官僚たちが忠誠を誓っていた「首相以外のなにか」とは？

　そして最終的に鳩山政権を崩壊させたのは、冒頭で写真をお見せした米軍・普天間基地の、県外または国外への「移設」問題でした。外務省自身が「パンドラの箱」と呼ぶ米軍基地の問題に手をつけ、あっけなく政権が崩壊してしまった。

　たいした覚悟も準備もなく、そんなことをしたのが悪かったと批判する人もいます。その気もちもわかります。でもやはり、それは問題の本質ではないんですね。重要なのは、

「戦後初めて本格的な政権交代をなしとげた首相が、だれが見ても危険な外国軍基地をたったひとつ、県外または国外へ動かそうとしたら、大騒ぎになって失脚してしまった」

という事実です。つらい現実ですが、ここをはっきり見ないといけない。しかも鳩山さんの証言にあるように、そのとき外務官僚・防衛官僚たちが真正面から堂々と反旗をひるがえした。

　普天間の「移設」問題が大詰めをむかえた二〇一〇年四月六日、鳩山さんが外務省

と防衛省、内閣官房から幹部を二人ずつ首相公邸に呼んで秘密の会合をもち、「徳之島移設案」という最終方針を伝えた。そのあと酒をくみかわしながら、

「これからこのメンバーで、この案で、最後まで戦っていく。力を合わせて目標にたどりつこう。ついてはこういった話し合いが外にもれることが、一番ダメージが大きい。とにかく情報管理だけはくれぐれも注意してくれ」と言った。

「これからの行動は、すべて秘密裏におこなってくれ」と念を押したわけです。

しかしその翌日、なんと「朝日新聞」の夕刊一面に、その秘密会合の内容がそのままリークされた*。つまり、

「われわれは、あなたの言うことは聞きませんよ」

という意思表示を堂々とやられてしまったわけです。官僚たちは、正当な選挙で選ばれた首相・鳩山ではない「別のなにか」に対して忠誠を誓っていたと、鳩山さんは語っています。(「普天間移設問題の真実」UIチャンネル/二〇一三年六月三日)

この鳩山さんの証言は、彼が首相を退陣してからちょうど一年後の二〇一一年五月に「確かな証拠《ハードプルーフ》」によって裏づけられることになりました。ウィキリークスという機密情報の暴露サイトが、この問題に関するアメリカ政府の公文書を公開したのです。

その内容は、日本のトップクラスの防衛官僚や外務官僚たちが、アメリカ側の交渉

担当者に対して、

「〔民主党政権の要求に対し〕早期に柔軟さを見せるべきではない」（高見澤《たかみざわ》將林《のぶしげ》・防衛省防衛政策局長／その後、内閣官房副長官補〈安全保障担当〉兼国家安全保障局次長）とか、

「〔民主党の考え方は〕馬鹿げたもので、〔いずれ〕学ぶことになるだろう」（齋木《さいき》昭《あき》隆《たか》・外務省アジア大洋州局長／その後、外務事務次官）

などと批判していたという、まったく信じられないものでした。

＊──「朝日新聞」二〇一〇年四月七日夕刊（一面）「米軍普天間飛行場の移設問題で、鳩山首相が六日夜、首相公邸で内閣官房や外務・防衛両省の実務者でつくる作業部会の初会合を開いていたことが分かった。（略）／首相は（略）普天間のヘリ部隊の大部分を鹿児島県・徳之島に移す方向で米側、地元自治体と調整するよう指示し、今後の交渉日程や交渉ルートなどを確認したとみられる。／作業部会では、先に（略）米側に伝えた検討状況について、現時点で米側から返答がない現状も報告された。（以下略）」

昔の自民党は「対米従属路線」以外は、かなりいいところもあった

私は自民党に関しては昔、本をつくったことがあったので（『巨悪vs言論』立花隆／文藝春秋）、自民党にこうした米軍基地の問題、より正確に言えば対米従属の問題が、絶対に解決できないことはよく知っていました。二〇〇六年にアメリカ国務省自身が認めているように、自民党は一九五五年の結党当初から、ＣＩＡによる巨額の資金援助を受けていた。その一方でＣＩＡは、社会党内の右派に対しても資金を出して分裂させ、民社党を結成させて左派勢力の力を弱めるという工作もおこなっていました。（*Foreign Relations of the United States, 1964-1968*; vol. XXIX, Part 2, Japan, United States Government Printing Office.）

つまり「冷戦」とよばれる東西対立構造のなか、日本に巨大な米軍を配備しつづけ、「反共の防波堤」とする。そのかわりにさまざまな保護をあたえて経済発展をさせ、「自由主義陣営のショーケース」とする。そうしたアメリカの世界戦略のパートナーとして日本国内に誕生したのが自民党なわけですから、米軍基地問題について「アメリカ政府と交渉して解決しろ」などと言っても、そもそも無理な話なのです。

多くの日本人は、実はそうしたウラ側の事情にうすうす気づいていた。だから政権交代が起こったという側面もあった。というのも、いま振り返ってみれば、森・小泉政権以前の自民党には、かなりいいところがあったわけです。防衛・外交面では徹底した対米従属路線をとったものの、なにより経済的に非常に豊かで、しかも比較的平等な社会を実現した。その点は多くの日本人から評価されていたのだと思います。しかし、その自民党路線がついに完全に行きづまってしまった。それなら結党の経緯からいって、彼らには絶対にできない痛みのともなう改革、つまり極端な対米従属路線の修正だけは、ほかの党がやるしかないだろう。さすがの保守的な日本人もそう考え、最初はためらいながら、しかし最後は勇気をもって、戦後初の本格的政権交代という大きな一歩を踏み出したのだと思います。

日本国民に政策を決める権利はなかった

ところが日本の権力構造というのは、そんな私たちが学校で習ったようなきれいな民主主義の形にはなっていなかった。鳩山政権が崩壊するまで私たちは、日本人はあくまで民主主義の枠組みのなかで、みずから自民党と自民党的な政策を選んできたのだと思っていました。進む道にAとBがあったら、必ずA、つまり対米従属路線を選んできたけれど、それは自分たちの判断でそうしてきたのだと。

しかし、そうではなかった。そもそも最初から選ぶ権利などなかったのだということがわかってしまった。日本の政治家がどんな公約をかかげ、選挙に勝利しようと、「どこか別の場所」ですでに決まっている方針から外れるような政策は、いっさいおこなえない。事実、その後成立した菅政権、野田政権、安倍政権を見てみると、選挙前の公約とは正反対の政策ばかりを推し進めています。

「ああ、やっぱりそうだったのか……」

この現実を知ったとき、じんわりとした、しかし非常に強い怒りがわいてきました。自分がいままで信じてきた社会のあり方と、現実の社会とが、まったくちがったものだったことがわかったからです。

その象徴が、冒頭からお話ししてきた米軍基地の問題です。いくら日本人の人権が侵害されるような状況があっても、日本人自身は米軍基地の問題にいっさい関与できない。たとえ首相であっても、指一本ふれることはできない。自民党時代には隠されていたその真実が、鳩山政権の誕生と崩壊によって初めてあきらかになったわけです。

いったい沖縄の米軍基地ってなんなんだ、鳩山首相を失脚させたのは、本当はだれなんだ……。辺野古《へのこ》ってなんなんだ、よく考えると、それほど重大な問題について、自分はなにも知らないわけです。思えば本当に恥ずかしい。これは絶対に一度、自分で見に行くしかない。写真をとって本にするしかないと思いました。

原動力は、「走れメロス的怒り」

その本（『本土の人間は知らないが、沖縄の人はみんな知っていること』）を出したあと、東京の書店さんのトークショーでそんな話をしていたら、読者の方から、

「矢部さん、それは『走れメロス的怒り』ですね」

と言われたのです。

「えっ？『走れメロス』ってそんな話だっけ」

と思って、帰って太宰治の文庫本を引っぱりだして読んでみると、たしかにそうなんです。

この小説は、後半の友情物語のところ、

「ぼくは一瞬だけ、君を疑った。だからぼくを殴れ」

という場面が非常に有名ですけれど、物語の始まりは政治を知らない羊飼いが、王様のおかしな政治に怒って抗議しにいく話なのです。そしてつかまってしまう。冒頭部分を少し読んでみます。

「メロスは激怒した。必ず、かの邪智暴虐《じゃちぼうぎゃく》の王を除かなければならぬと決意した。メロスには政治がわからぬ。メロスは、村の牧人《ぼくじん》〔羊飼い〕である。笛を吹き、羊と遊んで暮して来た。けれども邪悪に対しては、人一倍に敏感であった。きょう未明メロスは村を出発し、野を越え山越え、十里はなれた此のシラクスの市にやって来た」

私が沖縄に撮影旅行に行ったのは、まさにこうした感じでした。政治を知らぬ、羊飼い的怒りからだったのです。

それまで「笛を吹き、羊と遊んで暮して来た」などというのは、まさに私にぴったりの表現なのです。私は大学を出たあと、大手広告会社に入ったのですが、たった二年で会社を辞めて、あとは小さな出版社をつくって美術や歴史など、自分の好きなジャンルの本ばかりつくってきた、そういうきわめて個人主義的な人間です。ほとんど選挙も行ったことがありませんでした。そうした完全なノンポリが、子どものような正義感で写真家と二人、沖縄に出かけていったというわけです。

沖縄じゅうにあった「絶好の撮影ポイント」

そこから写真家の須田慎太郎さんと一緒に、まったくの無許可で、しかもできるだけ米軍基地に接近して写真を撮っていきました。実はそうしたスタイルで基地を勝手に撮影した写真集というのは初めてだったのです。それはある意味当然で、米軍と日本政府の判断によっては、勝手に基地の写真を撮ると逮捕される可能性があるからです。

あとからわかったことですが、問題を整理するとこうなります。

われわれ日本人には、国内の米軍基地について、もちろん知る権利がある。近隣の住民にとって非常に大きな危険があり、しかも首相を退陣に追いこむような重大問題について、米軍からの発表資料だけですませていいはずがない。どこにどういう基地がどれくらいあって、日々、どういう訓練をしているか、自分たちで調べる権利がある。

しかしその一方、軍事基地なわけですから、すでにのべたとおり刑事特別法という法律がつくられており、そうした撮影が軍事機密の漏洩と判断された場合、一〇年以下の懲役となる可能性がある。そのアウトとセーフの境目はだれにもわかりません。

でも沖縄というのは面白いところで、いろいろな場所に「さあ、ここから基地を撮れ」というような建物があるんですね。

たとえば嘉手納《かでな》基地という一番重要な空軍基地の前には、四階建てのドライブイン（「道の駅かでな」）があって、その四階のデッキが基地を撮影するためにわざわざつくったような絶好のスペースになっている。そこに飛行機マニアがいつも大勢たむろして、望遠レンズで米軍機を撮影している。そういう状況があるのです。

有名な普天間基地にも、すぐ近くの嘉数《かかず》の高台という場所に公園があって、そこに地球儀の形をした展望台がある。オスプレイがとまっているところが非常によく見えます。

どの米軍基地にも、近くにそうした基地を監視するポイントが必ずあって、近くまで行って聞くと住民の人たちがその場所までつれていってくれる。そのおかげで「沖縄・米軍基地観光ガイドブック」もできたわけです。

だから基本的に、撮影中に逮捕されることはないだろうと思っていました。もちろんわれわれが基地を撮影するときは、フェンスぎりぎりまで接近します。そして米兵に見つからないよう、すばやく撮影します。ですから非常に怖かったのですが、うまく撮影できたあとは、違法かどうか、弁護士にチェックしてもらえばいいと思っていました。もともとあきらかな法律違反があったら商業出版というのは成り立ちませんので、弁護士によるチェックは不可欠だと思っていました。

「左翼大物弁護士」との会話

それで掲載する写真がほぼ決まったとき、写真家の須田さんと一緒に、そうした問題にくわしい弁護士さんのところに行って、原稿をチェックしてもらったのです。ふたりで並んで机をはさんで座って、

「先生どうでしょう、いろいろ軍事施設や訓練なども写ってますけど、この本をこのまま出したらぼくらはつかまるんでしょうか」

と聞きました。法的にまずい写真があったら、はねてもらおうと思っていたのです。

「まあ、この写真とこの写真は、やめておいたほうがいいでしょうね」

そういうふうに助言してもらえると思っていた。

そうしたらその弁護士さんがジーッと長い時間をかけて、一ページ一ページ原稿を

丹念にめくって見て、最後にふっと顔をあげて言ったのが、

「あのね、矢部さん。この本ねぇ……………絶対に売れますよ」と。

まったく意外な言葉だったのですが、その時点でそんなことを言われたのは初めてだったので、すっかりうれしくなって、

「いや先生、大変ありがとうございます。そう言っていただけるなんて、本当に光栄です」

と、まずお礼を言いました。そして少し撮影の苦労話などを始めそうになったのですが、考えてみると、今日はそんな話をしにきたわけじゃない。

そこでもう一度、

「でも今日はそういうお話ではなく、この本をこのまま出したら、ぼくと写真家がつかまるかどうか聞きにきたのです」

と聞いてみた。すると今度は、

「つかまったら、もっと売れますよ」

と言われてしまった。話が全然かみあわないわけです。

あとで聞いたらその人は、一九六〇年代にかなり有名な学生運動のリーダーだった人で、当時、ひどいときは年に半分くらいは刑務所に入っていた。もう七〇代で、話

し方は非常に紳士的なのですが、ぼくらの態度には不満だったようで、

「なんでこんないい企画、面白い企画をしておいて、つかまったらどうするとか、そういうくだらない話をするんだ」

というのが本音だったようです。いやいや、ぜんぜんくだらなくない。商業出版ですから、つかまることはやりたくないし、できない。

そのあとよく話を聞いてみると、つまりこういうことでした。彼の長年の経験によれば、こういう「公安関係の問題」(ということになるのだそうです)は、基本的に「つかまる、つかまらない」は法律とは関係がない(!)。公安がつかまえる必要があると思ったら、なにもしていなくてもつかまえるし、必要がないと思ったら、つかまえない。

公安がよくやるのは、近づいていって、なにも接触してないのに自分で勝手に腹を押さえてしゃがみこんで、「公務執行妨害! 逮捕!」とやる。これを「転《ころ》び公妨《こうぼう》」というそうです。それは一種の伝統芸のようなもので、その名人といわれる公安までいる。そういうものだと。

ひとしきりそうした話を教えてくれたあと、その弁護士さんは最後に、

「まあ、基本的には、本を書いた人間をつかまえると、逆に本が売れて困ったことに

なるから、あなたたちがつかまることはないと思いますよ」
と、少しつまらなそうな顔で言ってくれました。

沖縄の地上は一八パーセント、上空は一〇〇パーセント、米軍に支配されている

話をもどしますと、最初に沖縄に行ったあと、一度東京にもどってから出直して、今度は普天間基地の近くにアパートを借りて、約半年かけてその本をつくりました。八年前までなにも知らなかった、まったくの初心者の眼から見た米軍基地問題、日本のおかしな現状のレポートということで、逆にわかりやすい面もあるかと思います。さらに数枚、図版を見ながら、ご説明します。

私もそれまで二度ほど、沖縄に遊びに行ったことはあったのです。でも台湾から船で渡ったり、ゴルフなどして遊んでいただけで、米軍機による住宅地の低空飛行については まったく知りませんでした。飛行機というのはアッという間に飛んできて、飛びさってしまいますので、実際に住んでみないとその危険性はよくわからないのです。

じゃあその沖縄の米軍基地の全体像はいったいどうなっているのか。左の上がその

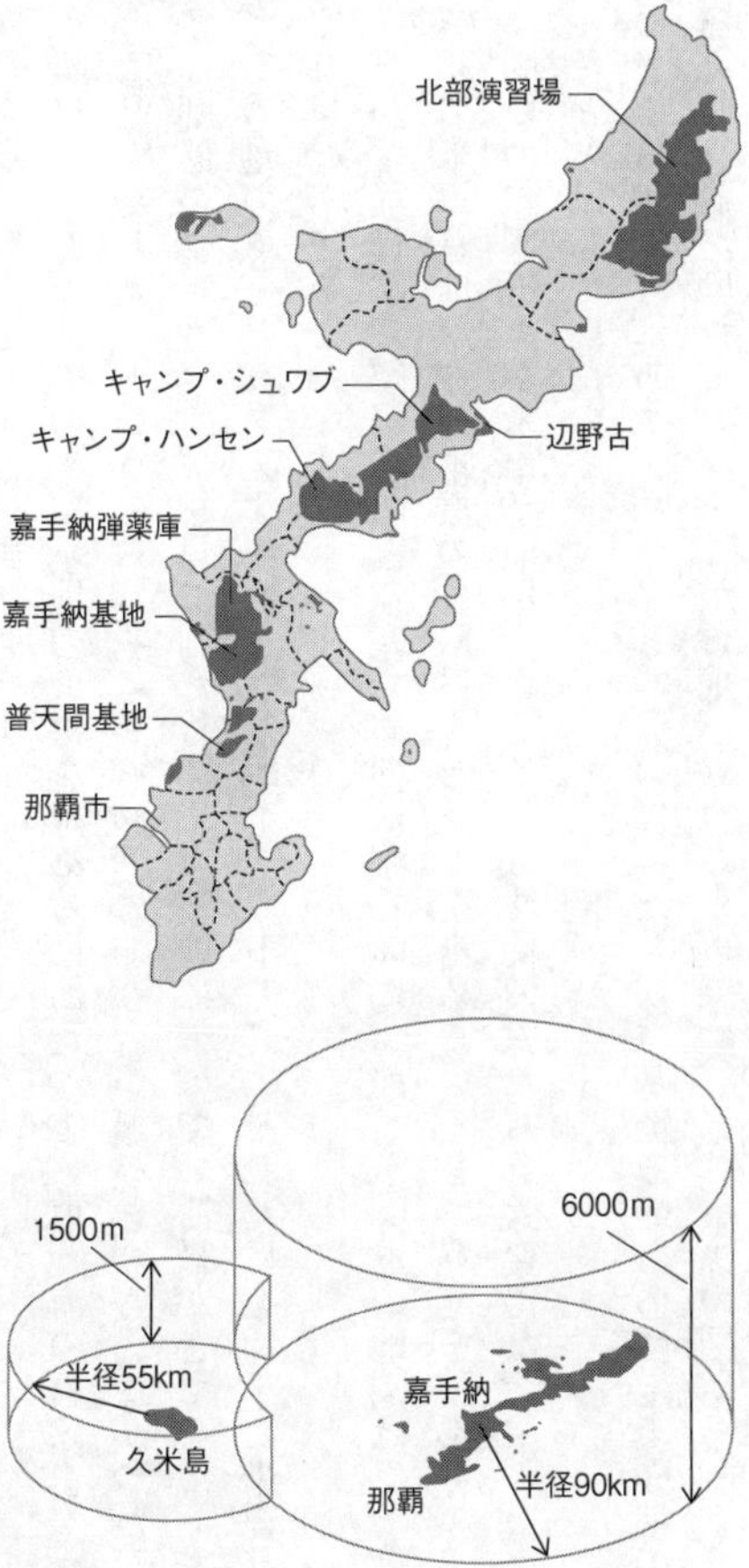

上●沖縄本島と主な米軍基地
下●米軍嘉手納空域（旧）

地図です。沖縄本島の一八パーセント（当時）が米軍基地になっています。那覇市の右上にあるのが有名な普天間基地、その上が先ほどふれた嘉手納基地、ずっと上の三角にトンがったところが辺野古の岬です。

実はこうした沖縄の米軍基地の取材を始めるにあたって、専門家の力はまったく借りませんでした。というのも、そもそも沖縄に知り合いがひとりもいなかった。それで沖縄県のホームページを見ていたら、米軍基地についての情報がとてもよくまとめてあったので、とりあえずそれをプリントアウトして、それだけを片手に米軍基地めぐりを始めてみたのです。

だから写真家の須田さんと二人で沖縄に渡る前に、前ページ上の地図は見ていた。そして米軍基地が沖縄本島の一八パーセントを占めているという話を読んで、

「面積の二割近くが米軍基地か……。それは沖縄の人たちも大変だな」

などと話していたのです。

ところがそれはあまかった。というのは、たしかに基地そのものは地上面積の一八パーセントだけれども、そこから飛び立った米軍機は一五ページの図にあるように、基地の上空以外も飛ぶわけです。陸地の上だけでなく、海の上も飛んでいる。

その理由は「嘉手納空域」というのですが、つい最近まで沖縄の上空は三九ページ

下の図のようにすっぽりと、米軍の管理空域になっていたからです（二〇一〇年三月にその管理権が米軍側から日本側へ返還されたことになっていますが、形だけの返還で、実態はほとんど変わっていません）。

だからいま「**面積の一八パーセントが米軍基地だ**」と言いましたが、**上空は一〇〇パーセントなのです**。二次元では一八パーセントの支配に見えるけれど、三次元では一〇〇パーセント支配されている。米軍機はアメリカ人の住宅上空以外、どこでも自由に飛べるし、どれだけ低空を飛んでもいい。なにをしてもいいのです。日本の法律も、アメリカの法律も、まったく適用されない状況にあります。

日本じゅう、どこでも一瞬で治外法権エリアになる

さらに言えば、これはほとんどの人が知らないことですが、**実は地上も潜在的には一〇〇パーセント支配されているのです**。

どういうことかというと、たとえば米軍機の墜落事故が起きたとき、米軍はその事故現場の周囲を封鎖し、日本の警察や関係者の立ち入りを拒否する法的権利をもっている。

こう言うと、「ちょっと信じられないな」と思われる方もいらっしゃるでしょう。しかしこれは議論の余地のない事実なのです。その理由は一九五三年に日米両政府が正式に合意した次の取り決めが、現在でも効力をもっているからです。(『本当は憲法より大切な「日米地位協定入門」』前泊博盛編著/創元社)

「日本国の当局は、(略)**所在地のいかんを問わず**合衆国軍隊(米軍)の財産について、捜索、差し押さえ、または検証を行う権利を行使しない」(「日米行政協定第十七条を改正する議定書に関する合意された公式議事録」一九五三年九月二九日/東京)

一見、それほどたいした内容には思えないかもしれません。**しかし実は、これはとんでもない取り決めなのです。**文中の「所在地のいかんを問わず(=場所がどこでも)」という部分が、ありえないほどおかしい。

それはつまり、米軍基地のなかだけでなく、**「米軍の財産がある場所」は、どこでも一瞬にして治外法権エリアになるということを意味しているからです。**

そのため、墜落した米軍機の機体や、飛び散った破片などまでが「米軍の財産」と考えられ、米軍はそれらを保全するためにあらゆる行動をとることができる。一方、日本の警察や消防は、なにもできないという結果になっているのです。

沖縄国際大学・米軍ヘリ墜落事故

そのもっとも有名な例が、二〇〇四年に起きた沖縄国際大学・米軍ヘリ墜落事故でした。

二〇〇四年八月一三日午後二時一五分、普天間基地のとなりにある沖縄国際大学に飛行訓練中の米軍ヘリが墜落し、爆発炎上しました。次ページの写真の右下に見える大きな建物が沖縄国際大学です。

こうして訓練をしていた米軍機が沖縄国際大学に墜落し、ヘリの破片が大学と周辺のビルや民家に猛スピードで飛び散りました。破片のひとつはマンションのガラスを破り、直前まで赤ん坊がスヤスヤと眠っていた寝室のふすまに突き刺さったのです。ケガ人が出なかったのは「奇跡中の奇跡」だったと、だれもが口をそろえるほどの大事故でした。

さらに人びとに大きなショックをあたえたのは、事故直後、隣接する普天間基地から数十人の米兵たちが基地のフェンスを乗り越え、沖縄国際大学になだれこんで、事

事故後も沖縄国際大学（右端の建物）のすぐ近くで飛行訓練をする米軍ヘリ｜©須田慎太郎

故現場を封鎖したことでした。

そのとき沖縄のテレビ局（琉球朝日放送）が撮影した映像を、一度、世界中の人に見てもらいたいと思います。

自分たちが事故を起こしておきながら、「アウト！　アウト！」と市民をどなりつけて大学前の道路から排除し、取材中の記者からも力ずくでビデオカメラをとりあげようとする米兵たち。

一方、そのかたわらで米兵の許可を得て大学構内に入っていく日本の警察。まさに植民地そのものといった光景がそこに展開されているのです。

つまり、米軍機が事故を起こしたら、どんな場所でもすぐに米軍が封鎖し、日本側の立ち入りを拒否することができる。それが法的に決まっているのです。警察も消防も知事も市長も国会議員も、米軍の許可がないとなかに入れません。いきなり治外法権エリアになるわけです。

ひと言で言うと、憲法がまったく機能しない状態になる。沖縄の人たちも、普段はみんな普通に暮らしているのですが、緊急時にはその現実が露呈する。米軍は日本国憲法を超えた、それより上位の存在だということが、この事故の映像を見るとよくわかります。

このビデオを見ると、

「沖縄の人は、なんてかわいそうなんだ」

と、最初は怒りのような感情がこみあげてきます。しかしすぐに、そのかわいそうな姿は、本土で暮らす自分自身の姿でもあることが、わかってくるわけです。

東京も沖縄と、まったく同じ

なぜなら次ページの図のように、東京を中心とする首都圏上空にも、嘉手納空域と同じ、横田空域という米軍の管理空域があって、日本の飛行機はそこを飛べないようになっているからです。だから羽田空港から西へ向かう飛行機は、まず東の千葉県の

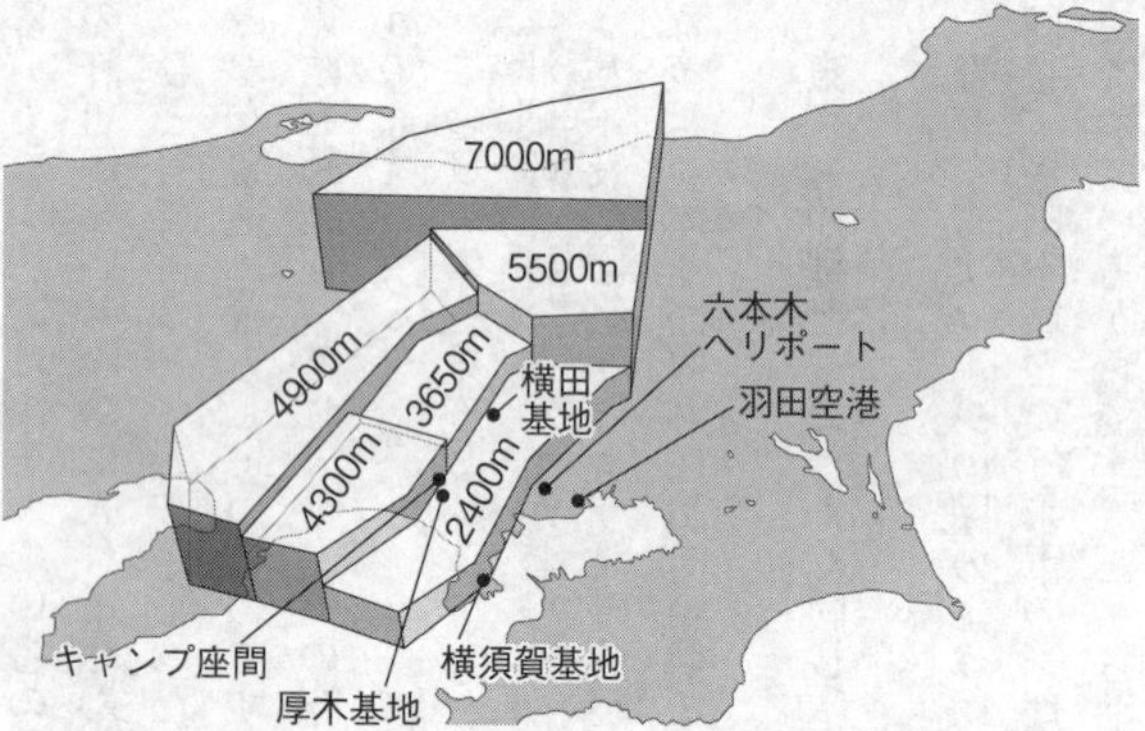

横田空域と米軍基地｜太平洋上から横田空域を通ってノーチェックで米軍基地に降り立った米軍関係者他が、ヘリコプターで六本木にあるヘリポートに移動し、日本への「入国」が完成する。｜→p.98〜102

ほうへ飛んで、そこから急上昇・急旋回してこの空域を越えなければならない。そのため非常に危険な飛行を強いられています。

まったく沖縄と同じなのです。法律というのは日本全国同じですから、米軍が沖縄でできることは本土でもできる。ただ沖縄のように露骨にやっていないだけ。

先ほどご紹介した一九五三年の合意内容、

「**どんな場所にあろうと**、米軍の財産について日本政府は差し押さえたり調べたりすることはできない」

というのも、アメリカと沖縄ではなく、アメリカと日本全体で結ばれた取り決めです。

だから東京や神奈川でも、米軍機が墜落したら状況は基本的に同じ。日本側は機体に指一本ふれることはできないし、現場を検証して事故の原因を調べることもできない。米軍が日本国憲法を超えた存在であるというのも、日本全国おなじことなのです。

くわしくはPART2（七一ページ）で説明しますが、占領が終わり、一九五二年に日本が独立を回復したとき、そして一九六〇年に安保条約が改定されたとき、どちらも在日米軍の権利はほとんど変わらず維持されたという事実が、アメリカ側の公文書でわかっています。つまり米軍の権利については、占領期のまま現在にいたっているということです。

「占領軍」が「在日米軍」と看板をかけかえただけ

もう一度、一三ページの写真を見てください。右上に見えているのが一九四五年に米軍が上陸してきた海岸です。この画面の右側にずっと海岸がつづいていて、その近くはすべて米軍基地になっています。三九ページの地図でいうと、嘉手納基地の左手の海岸です。いまから七〇年前、米軍はこの海岸に多くの軍艦でやってきて、まず艦砲射撃で地上の建物をすべてふきとばし、そのあと上陸して一帯を占領しました。

結局、そのときのまま、ずっとそこにいるわけです。沖縄に行って少し高台にのぼって地上をながめると、そのことがひと目でわかります。海岸に近い、非常に平らで優良な土地を、それから七〇年間、米軍が占拠しつづけている。海沿いの部分だけは一部返還されて商業地区になっているので、車で走っているとわからないのですが、少し高台にのぼると、

「ああ、米軍はあの海岸から一九四五年に上陸してきて、そのままそこに居すわったんだな」

ということが非常によくわかります。

つまり「占領軍」が「在日米軍」と看板をかけかえただけで、一九四五年からずっと同じ形で同じ場所にいるわけです。本土は一九五二年の平和条約、沖縄は一九七二年の本土復帰によって主権を回復したことになっていますが、実際は軍事的な占領状態が継続したということです。

嘉手納弾薬庫から嘉手納基地の飛行場（上）をのぞむ｜©須田慎太郎

本土の米軍基地から、ソ連や中国を核攻撃できるようになっていた！

次にもう一枚写真を見ていただきます。

上の写真は、先ほどご紹介した嘉手納という大きな空軍基地のとなりにある弾薬庫を写したものです。上にうっすらと見えているのが嘉手納空軍基地の飛行場です。飛行場と弾薬庫のあいだは、一見、片側二車線の広い道路で分断されているように見えるのですが、実は地下通路で結ばれ、自由に行き来できるようになっています。

こうした弾薬庫に、もっとも多い時期には沖縄全体で一三〇〇発の核兵器が貯蔵されていました。これはアメリカの公文書による数字です。

緊急時には、すぐにこうした弾薬庫から核爆弾が地下通路を通って飛行場に運ばれ、飛行機に積みこまれるようになっていた。そして**ショックなのは、それが本土の米軍基地に運ばれ、そこからソ連や中国を核攻撃できるようになっていたということです。**

つまりこの嘉手納基地から一度、本土にある三沢や横田、岩国といった米軍基地に核兵器を運んで、そこから新たに爆撃機が飛び立って、ソ連や中国を核攻撃できるようになっていた。青森県にある米軍三沢基地などは、ソ連に近い場所にありますから、ほとんどその訓練しかやっていなかったといいます。

中国やソ連の核がほとんどアメリカに届かない時代から、アメリカは中国やソ連のわき腹のような場所、つまりユーラシア大陸東岸に南北に長く延びる日本列島全体から、一三〇〇発の核兵器をずっと突きつけていた。

アメリカは一九六二年のキューバ危機で、ソ連が核ミサイルを数発キューバに配備したと言って大騒ぎしました。あわや第三次世界大戦か、人類滅亡か、というところまで危機的状況が高まった。

われわれもそのことは、ケネディ兄弟がかっこよく活躍する映画などで知っています。しかしアメリカ自身は、その何百倍もひどいことをずっと日本でやっていたわけです。こうした事実を知ると、いかに私たちがこれまで「アメリカ側に有利な歴史」しか教えられていなかったかがわかります。

憲法九条二項と、沖縄の軍事基地化はセットだった

「えーっ、沖縄に一三〇〇発の核兵器があったの？」

「しかもそれが本土の基地に運ばれて、そこから飛び立って中国やソ連を核攻撃できるようになっていただって？」

とても驚きました。この年になるまで、まったく知らなかったからです。

「じゃあ、憲法九条ってなに？」

と当然、疑問をもつわけです。ソ連・中国からしてみたら、自分たちのわき腹に一三〇〇発も核兵器を突きつけておいて、「憲法九条？　悪い冗談はやめてくれ」という話なのです。

そこで歴史を調べていくと、憲法九条二項の戦力放棄と、沖縄の軍事基地化は、最初から完全にセットとして生まれたものだということがわかりました。つまり憲法九

条を書いたマッカーサーは、沖縄を軍事要塞化して、嘉手納基地に強力な空軍を置いておけば、そしてそこに核兵器を配備しておけば、日本本土に軍事力はなくてもいいと考えたわけです。(ジョージ・ケナン国務省政策企画室長との会談／一九四八年三月三日)

だから日本の平和憲法、とくに九条二項の「戦力放棄」は、世界じゅうが軍備をやめて平和になりましょうというような話ではまったくない。沖縄の軍事要塞化、核武装化と完全にセット。いわゆる護憲論者の言っている美しい話とは、かなりちがったものだということがわかりました。

戦後日本では、長らく「反戦・護憲平和主義者」というのが一番気もちのいいポジションでした。私もずっとそうでした。

しかし深刻な反省とともによく考えてみると、自分もふくめ大多数の日本人にとってこの「反戦・護憲平和主義者」という立場は、基本的になんの義務も負わず、しかも心理的には他者より高みにいられる非常に都合のいいポジションなのです。しかし現実の歴史的事実にもとづいていないから、やはり戦後の日本社会のなかで、きちんとした政治勢力にはなりえなかったということになります。

驚愕の「砂川裁判」最高裁判決

沖縄に取材に行って、こうしたさまざまな問題の存在を知りました。しかし最後までわからなかったのは、日本は法治国家のはずです。なぜ、国民の基本的人権をこれほど堂々と踏みにじることができるのか。なぜ、米兵が事故現場から日本の警察や市長を排除できるのか。なぜ同じ町のなかで、アメリカ人の家の上は危ないから飛ばないけれど、日本人の家の上はどれだけ低空飛行をしてもいいなどという、めちゃくちゃなことが許されているのか。

調べていくと、米軍駐留に関するあるひとつの最高裁判決（一九五九年）によって、在日米軍については日本の憲法が機能しない状態、つまり治外法権状態が「法的に認められている」ことがわかりました。

くわしくは、「〈戦後再発見〉双書」第三巻の『検証・法治国家崩壊——砂川裁判と日米密約交渉』（吉田敏浩・新原昭治・末浪靖司／創元社）を読んでいただきたいのですが、これは本当にとんでもない話で、普通の国だったら、問題が解明されるまで内閣がいくつつぶれてもおかしくないような話です。

なにしろ、占領中の一九五〇年から第二代最高裁長官をつとめた田中耕太郎という人物が、独立から七年後の一九五九年、駐日アメリカ大使から指示と誘導を受けながら、在日米軍の権利については憲法判断をしないという判決を書いた。その判決の影響で、その後は在日米軍の治外法権状態が完全に確定してしまった。また米軍関係だけでなく、われわれ日本人が政府から重大な人権侵害を受けたときに、それに抵抗する手段がなくなってしまった。

そうしたまさに「戦後最大」と言っていいような大事件が、最高裁の法廷で起きたのです。いまから半世紀以上前の一九五九年一二月一六日のことです。

法律の問題なので少し観念的な話になりますが、どうかお聞きください。

憲法と条約と法律の関係――低空飛行の正体は航空法の「適用除外」

まず基本的な問題からご説明します。日本の法体系のなかでは、憲法と、条約、一般の法律の関係は左ページ上の図のようになっているそうです。

もともと日米安保条約などの条約は、日本の航空法など、一般の国内法よりも強い。上位にあるそうです。これだけでも私などは当初、「えーっ!」と驚いたのですが、みなさんはいかがでしょう?

これは憲法九八条二項にもとづく解釈で、「日本国が締結した条約は、これを誠実に遵守する」ということが憲法で定められているからです。この点に関しては、ほぼすべての法学者の見解が一致しているそうです。

その結果、どうなるか。条約が結ばれると、必要に応じて日本の法律（憲法以外の国内法）が書きかえられたり、「特別法」や「特例法」がつくられることになります。つまり下位の法律が、新しい上位の法律に合わせて内容を変えるわけですね。ここまではよろしいでしょうか。

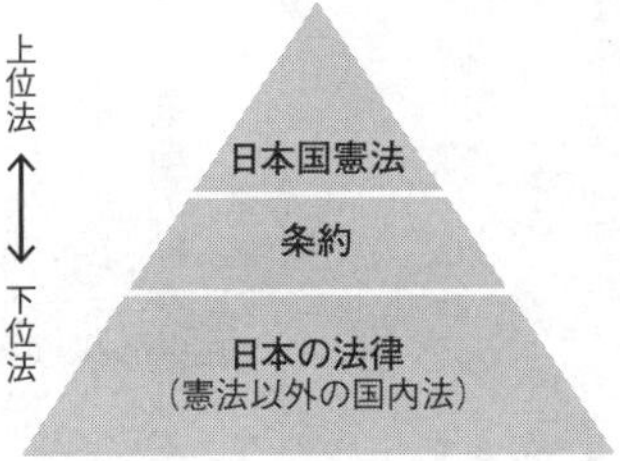

米軍機がなぜ、日本の住宅地上空でめちゃくちゃな低空飛行ができるのかという問題も法的構造は同じで、「日米安全保障条約」と、それにもとづく「日米地位協定」（在日米軍がもつ法的特権について定めた協定です）を結んだ結果、日本の国内法として、「航空特例法」という次ページの法律がつくられているからなのです。次の太字の部分だけで結構ですので、読んでみてください。

「日米地位協定と国連軍地位協定の実施にともなう航空法の特例に関する法律

第三項（一九五二年七月二五日施行）

前項の航空機（米軍機と国連軍機）およびその航空機に乗りくんでその運航に従事する者に**ついては、航空法第六章の規定は、**政令で定めるものをのぞき、**適用しない**」

初めてこの条文の意味を知ったときは、本当に驚きました。右の特例法で「適用しない」としている「航空法第六章」とは、「航空機の運航」に関する五七条から九九条までをさします。「最低高度」や「制限速度」「飛行禁止区域」などについて定めた**その四三もの条文が、まるまる全部「適用除外」となっているのです！**

つまり米軍機はもともと、高度も安全も、なにも守らずに日本全国の空を飛んでよいことが、法的に決まっているということなのです。

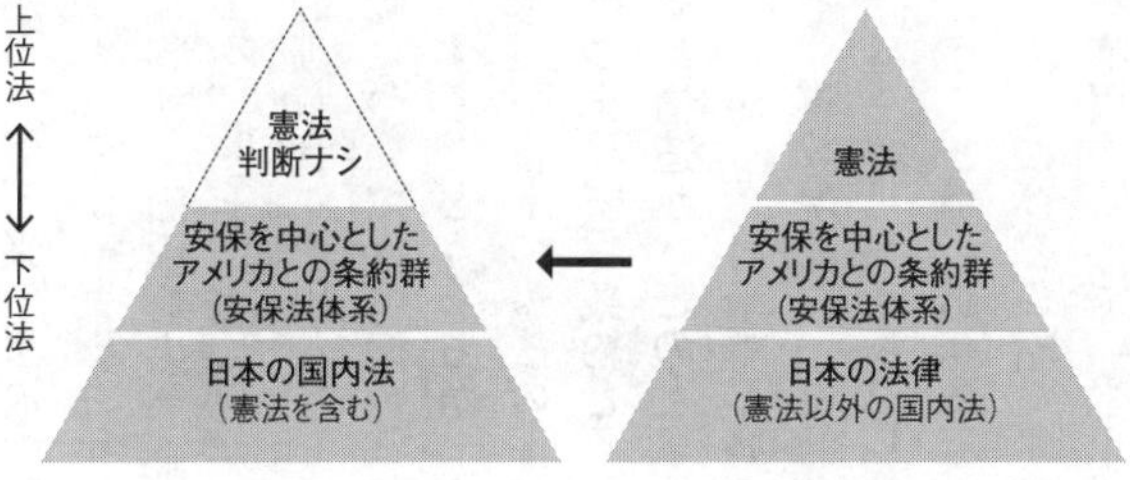

砂川判決以降の法体系　　憲法98条２項にもとづく一般的解釈

アメリカ国務省のシナリオのもとに出された最高裁判決

けれども、いくら条約（日米安保条約や日米地位協定）は守らなければならないといっても、国民の人権が侵害されていいはずはない。そうした場合は憲法が歯止めをかけることになっています。上の右の図の関係です。

条約は一般の法律よりも強いが、憲法よりも弱い。近代憲法というのは基本的に、権力者の横暴から市民の人権を守るために生まれたものだからです。だから、いくら日本政府が日米安保条約を結んで、それが日本の航空法よりも強い（上位にある）といっても、もし住民の暮らしや健康に重大な障害があれば、きちんと憲法が機能してそうした飛行をやめさせる。これが当然、本来の法治国家の姿です。

ところが一九五九年に在日米軍の存在が憲法違反かどうかをめぐって争われた砂川裁判で、田中耕太郎という最高裁長官（前述したとおり、占領中の一九五〇年から、独立の回復をまたいで、安保改定のあった一九六〇年まで在職しました）が、とんでもない最高裁判決を出してしまった。簡単に言うと、日米安保条約のような高度な政治的問題については、最高裁は憲法判断をしないでよいという判決を出したわけです。* するとどうなるか。安保に関する問題については、前ページの右上の三角形の図から、一番上の憲法の部分が消え、左上の図のような関係になってしまう。

つまり安保条約とそれに関する取り決めが、憲法をふくむ日本の国内法全体に優越する構造が、このとき法的に確定したわけです。

だから在日米軍というのは、日本国内でなにをやってもいい。住宅地での低空飛行や、事故現場の一方的な封鎖など、これまで例に出してきたさまざまな米軍の「違法行為」は、実はちっとも違法じゃなかった。日本の法体系のもとでは完全に合法だということがわかりました。

本当にひどい話です。その後の米軍基地をめぐる騒音訴訟なども、すべてこの判決を応用する形で「米軍機の飛行差し止めはできない」という判決が出ているのです。

そしてさらにひどい話がありました。それはこの砂川裁判の全プロセスが、検察や日本政府の方針、最高裁の判決までふくめて、最初から最後まで、基地をどうしても日本に置きつづけたいアメリカ政府のシナリオのもとに、その指示と誘導によって進行したということです。この驚愕の事実は、いまから一一年前（二〇〇八年）、機密解除されていたアメリカの公文書の発見によって初めてあきらかになりました。

判決を出した日本の最高裁長官も、市民側とやりあった日本の最高検察庁も、アメリカ国務省からの指示および誘導を受けていたことがわかっています。『検証・法治国家崩壊』にすべて公文書の写真付きで解説してありますので、興味のある方はぜひお読みください。本当に驚愕の事実です。

＊―正確には「安保条約のごとき、主権国としてのわが国の存立の基礎に重大な関係をもつ高度の政治性を有するものが、違憲であるか否かの法的判断は（略）裁判所の司法審査権の範囲外にあると解するを相当とする」（「裁判要旨八」）という判決でした。

「統治行為論」という、まやかし

この判決の根拠を、日本の保守派は「統治行為論」とよんで、法学上の「公理」のようにあつかっています。政治的にきわめて重要な、国家の統治にかかわるような問題については、司法は判断を留保する。それはアメリカやフランスなど、世界の先進国で認められている司法のあり方で、そうした重要な問題は、最終的には国民が選挙によって選択するしかないのだと。

一見、説得されてしまいそうになります。私も以前、まだ有名大学の教授たちを無条件で信用していたときなら疑問に思わなかったでしょう。しかし少しでも批判的な眼で見れば、この理論があきらかにおかしいことがわかります。

たとえば米軍機をめぐる騒音訴訟を例にとって考えてみましょう。高性能の戦闘機というのは、もう信じられないような爆音がしますから、当然健康被害が出ます。音というより振動です。体全体が衝撃を受ける。

そこでたまりかねた基地周辺の住民たちが、基本的人権の侵害だとして、飛行の差し止めを求める訴訟を起こしています。でも、止められない。判決で最高裁は、住民がそうした騒音や振動によって被害を受けているという認定まではするのです。でも、そこから先、飛行の差し止めはしない。そういう不思議な判決を出すのです。

最高裁はその理由を「米軍は日本政府が直接指揮することのできない『第三者』だから、日本政府に対してその飛行の差し止めを求めることはできない」という、まったく理解不能なロジックによって説明しています。この判決のロジックは、一般に「第三者行為論」とよばれていますが、その根拠となっているのが、日米安保条約のような高度な政治的問題については最高裁は憲法判断をしないでよいという「統治行為論」であることはあきらかです。

しかしよく考えてみてください。国民の健康被害という重大な人権侵害に対して、最高裁が「統治行為論」的立場から判断を回避したら、それはすなわち三権分立の否定になる。それくらいは、中学生でもわかる話ではないでしょうか。

元裁判官で明治大学教授の瀬木比呂志《せぎひろし》氏は、この最高裁の判決について、

「そもそも、アメリカと日米安保条約を締結したのは国である。つまり、国が米軍の飛行を許容したのである。（略）アメリカのやることだから国は一切あずかり知らないというのであれば、何のために憲法があるのか？」（『絶望の裁判所』講談社）

ときびしく批判しています。もちろん、だれが考えてもこちらが正論です。

アメリカやフランスでも、日本のような「統治行為論」は認められていない

実はアメリカにもフランスにも、日本で使われているような意味での「統治行為論」は存在しません。まずフランスを見てみましょう。

日本の「統治行為」という言葉のもとになったフランスの「アクト・ド・グヴェルヌマン(acte de gouvernement)」ですが、意外にも、

「〔フランスの学界では〕統治行為論は、その反法治主義的な性格のゆえに、むしろ多数の学説により支持されていない」

「〔フランスの〕判例の中には統治行為の概念規定はおろか、その理論的根拠も示されていないうえに、一般に統治行為の根拠条文とされているものが一度も引用されていない」と、この問題の第一人者である慶応大学名誉教授の小林節氏は書いています。(『政治問題の法理』日本評論社)

そして統治行為論の安易な容認は、「司法による人権保障の可能性を閉ざす障害とも、また行政権力の絶対化をまねく要因ともなりかね」ず、「司法審査権の全面否定にもつながりかねない」と指摘しています。まさに正論と言えるでしょう。逆に言え

ば、砂川裁判以降、半世紀以上にわたって日本の最高裁は、小林教授が懸念したとおりのことをやりつづけているのです。

一方、アメリカには「統治行為論」という言葉は存在せず、「政治問題《ポリティカル・クエスチョン》」という概念があります。そのもっとも初期の例は、一九世紀にロード・アイランド州で内乱が起き、正統な政府であることを主張するふたつの州政府が並立した、そのとき連邦国家であるアメリカ合衆国の最高裁は、「どちらが州の正統政府かという問題については、独自に決定できない」という判断を下したというものです。そのような、判決によっては無政府状態を引き起こしかねない問題は、裁判所ではなく大統領の判断にゆだねるのが適当としたわけです。

フランスと違うのは、アメリカでは判例のなかでこの「政治問題」という概念が、かなり幅広く認められているということです。なかでも外交や戦争といった分野では、それを「政治問題」として司法が判断を避けるというケースがたしかにある。

しかしそれはあくまでも、「対外関係においては戦線（つまり自国の窓口）を統一することが賢明」（C・G・ポウスト）であるという立場から、絶対的な国益の確保を前提として、一時的に権力を大統領ほかに統合するという考えなのであって、外国軍についての条約や協定を恒常的に自国の憲法より上位に置くという日本の「統治行為論」とは、まったくちがったものなのです。

歴史が証明しているのは、日本の最高裁は政府の関与する人権侵害や国策上の問題に対し、絶対に違憲判決を出さないということです。「統治行為論」はそうした極端に政府に従属的な最高裁のあり方に、免罪符をあたえる役割をはたしている。日本の憲法学者はいろいろと詭弁を弄《ろう》してそのことを擁護しようとしていますが、日本国憲法第八一条を見てください。そこにはこう書かれているのです。

「最高裁判所は、一切の法律、命令、規則又は処分が憲法に適合するかしないかを決定する権限を有する終審裁判所である」

これ以上、明快な条文もないでしょう。この条文を読めば、もっとも重要な問題について絶対に憲法判断をしない現在の最高裁そのものが、日本国憲法に完全に違反した存在であることが、だれの眼にもあきらかだと思います。

アメリカとの条約が日本国憲法よりも上位に位置することが確定した

深刻なのは、田中耕太郎が書いたこの最高裁判決の影響がおよぶのが、軍事の問題だけではないということです。[*] ですから最大のポイントは、この判決によって、

「アメリカ政府（上位）」＞「日本政府（下位）」

という占領期に生まれ、その後も違法《イリーガル》な形で温存されていた権力構造が、

「アメリカとの条約群（上位）」＞「憲法を含む日本の国内法（下位）」

という形で法的《リーガル》に確定してしまったことにあります。


安保条約の条文は全部で一〇ヵ条しかありませんが、その下には在日米軍の法的な特権について定めた日米地位協定がある。さらにその日米地位協定にもとづき、在日米軍を具体的にどう運用するかをめぐって、日本の官僚と米軍は六〇年にわたって毎月、会議をしているわけです。

それが「日米合同委員会」という名の組織なのですが、次ページの図のように、外務省北米局長を代表とする、日本のさまざまな省庁から選ばれたエリート官僚たちと、在日米軍のトップたちが毎月二回、秘密会議をしている。そこで毎回いろいろな合意が生まれ、合意議事録に書きこまれていく。全体でひとつの国の法体系のような膨大な取り決めがあるわけです。**しかもそれらの取り決めに公開義務はない。つまりすべて「密約」となっているのです。**

＊——憲法判断しないのが「安保条約」ではなく、「安保条約のご、と、き、」重大な問題となっているた

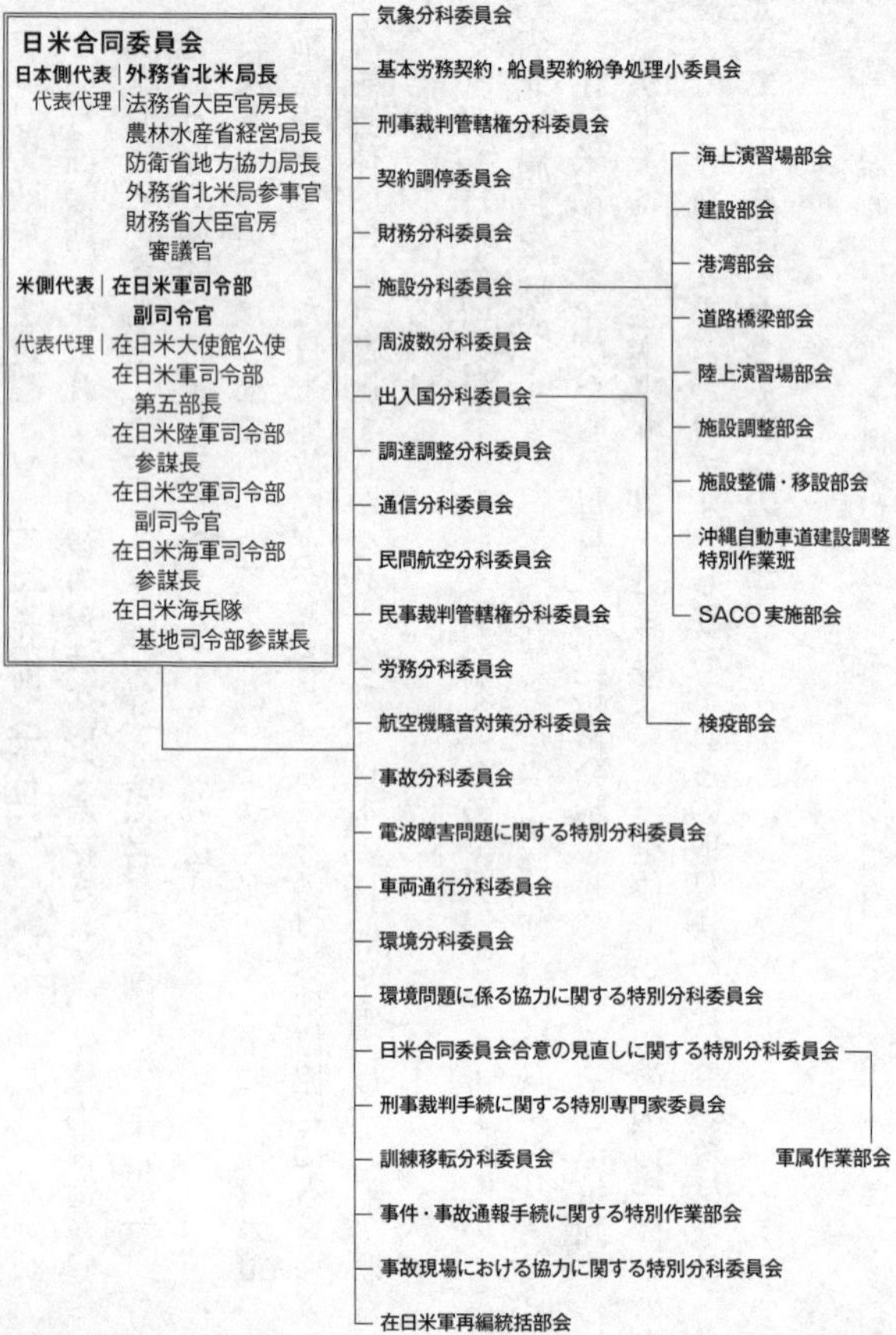

日米合同委員会組織図｜平成30年２月現在（外務省ホームページより／一部省略）

め、いくらでも拡大解釈が可能です。（↓一一一ページ）

官僚たちが忠誠を誓っていたのは、「安保法体系」だった

そうした日米安保をめぐる膨大な取り決めの総体は、憲法学者の長谷川正安《まさやす》・名古屋大学名誉教授によって、「安保法体系」と名づけられています。その「安保法体系」が、砂川裁判の最高裁判決によって、日本の国内法よりも上位に位置することが確定してしまった。つまり裁判になったら、絶対にそちらが勝つ。すると官僚は当然、勝つほうにつくわけです。

官僚というのは法律が存在基盤ですから、下位の法体系（日本の国内法）より、上位の法体系（安保法体系）を優先して動くのは当然です。裁判で負ける側には絶対に立たないというのが官僚ですから、それは責められない。

しかも、この日米合同委員会のメンバーがその後どうなっているかを調べてみると、このインナー・サークルに所属した官僚は、みなそのあと、めざましく出世している。

とくに顕著なのが法務省で、省のトップである事務次官のなかに、日米合同委員会の元メンバー（大臣官房長経験者）が占める割合は、過去一七人中一二人。そのうち九人は、さらに次官より格上とされる検事総長になっているのです（二〇一四年時点）。

このように過去六〇年以上にわたって、安保法体系を協議するインナー・サークルに属した人間が、必ず日本の権力機構のトップにすわるという構造ができあがっている。ひとりの超エリート官僚がいたとして、彼の上司も、そのまた上司も、さらにその上司も、すべてこのサークルのメンバーです。逆らうことなどできるはずがない。だから鳩山さんの証言にあるように、日本国憲法によって選ばれた首相に対し、エリート官僚たちが徒党を組んで、真正面から反旗をひるがえすというようなことが起こるわけです。

この章のはじめのほうで、私が沖縄に行ったきっかけは、

「鳩山首相を失脚させたのは、本当はだれなのか」
「官僚たちが忠誠を誓っていた『首相以外のなにか』とは、いったいなんだったのか」

という疑問だったと言いましたが、この構造を知ってその疑問に答えが出ました。

彼らは日本国憲法よりも上位にある、この「安保法体系」に忠誠を誓っていたということだったのです。

2011年３月14日、爆発する福島第１原発３号機
｜画像提供―福島中央テレビ

PART 2
福島の謎
日本はなぜ、原発を止められないのか

沖縄の取材から東京にもどって『沖縄・米軍基地観光ガイド』を書き始め、だいたい原稿が完成したころに東日本大震災が起こりました（二〇一一年三月一一日）。そしてつづいて福島の原発事故が起こる。最初はただ混乱するだけでしたが、二週間ほどすると状況が少しずつ見えてきました。

直前に沖縄を取材して、米軍基地をめぐる裁判について調べたばかりだったので、夏になるころには「沖縄イコール福島」という構造が、はっきりと見えていました。つまり五七ページ左上の三角形の図と同じで、原発についてもおそらく憲法は機能しない。これから沖縄国際大学・米軍ヘリ墜落事故を何万倍にも巨大にしたような出来事が、必ず起きる。

沖縄の米軍ヘリ墜落事故では、加害者（米軍）が現場を封鎖して情報を隠蔽した。被害者（市民）が裁判をしても必ず負けた。そしてしばらくすると、加害者（米軍）が「安全性が確保された」と言って、平然と危険な訓練を再開した。福島でもその後、実際にそうなりつつあるわけです。

福島で起きた「あきらかにおかしなこと」

原発事故が起きてから、私たち日本人はずっと大きな混乱のなかにいます。情報が錯綜するなか、東北や関東に住む多くの人びとが、

「すべてを捨てて安全な場所へ逃げたほうがいいのか」

「いまの場所にとどまって、生活の再建を優先したほうがいいのか」

そうした究極の選択を迫られることになったのです。

なかでも福島のみなさんは、二〇万人もの方たちが家や田畑を失い、仮設住宅のなかで明日をも知れぬ日々を送ることになりました。いくら室内をふいても、またもとにもどってしまう放射線の数値。とくに小さなお子さんをもつお母さん方の苦しみは、まさに言葉では言いつくせないものがあったでしょう。

そんななか、少し事態が落ち着いてくると、被災者たちは信じられない出来事に次々と直面することになったのです。なかでも、もっともおかしかったのは、これほどの歴史的大事故を起こし、無数の人びとの家や田畑を奪っておきながら、逮捕された人物がひとりもいなかったということでした。

「そんなバカな！」

考えてみてください。工場が爆発して被害が出たら、必ず警察が捜査に入ります。現場を調べ、事情を聴取して安全対策の不備を洗い出し、責任者を逮捕するはずです。工事現場でクレーンが倒れ、通行人がケガをした程度の事件でも同じです。それなのになぜ、この大惨事の加害者は罰せられないのか。警察はなぜ、東京電力へ捜査に入らないのか。安全対策に不備があったかどうか、なぜ検証しないのか。家や田畑を失った被害者に、なぜ正当な補償がおこなわれないのか。

被害者は仮設住宅で年越し、加害者にはボーナス

そうした被災者たちの憤懣《ふんまん》は、事故の起きた二〇一一年の年末、もっともグロテスクな形であきらかになりました。多くの被災者たちが仮設住宅で「どうやって年を越せばいいのか」と頭をかかえているとき、東京電力の社員たちに、なんと年末のボーナスが支給されたのです。

福島のなかでも、原発のすぐそばにある双葉町《ふたばまち》は、もっとも深刻な被害を受けた町です。その町民とともに埼玉県に疎開した井戸川克隆《いどがわかつたか》町長（当時）は、このニュース

を聞いたときほど悔しい思いをしたことはなかったと語っています。

「被害者である福島県民が見知らぬ仮住まいのなか、放射能におびえ、毎日壁を掃除しながら不安な日々を送っているのに、どうして加害者であるはずの東京電力の社員たちが、ボーナスをもらってヌクヌクと正月の準備をしているのか」

「現在、われわれは強制収容所に入れられているようなものだ。ただ食べ物とねぐらをあたえておけばいいというのでは、家畜と同じではないか」(二〇一一年一二月三日「原子力被害の完全賠償を求める双葉地方総決起大会」)

翌二〇一二年一月八日、井戸川町長は福島市内であった会議の席で野田佳彦首相(当時)に、このような問いかけをしています。

「われわれを国民と思っていますか、法のもとの平等が保障されていますか、憲法で守られていますか」

まさに福島で原発災害にあった人たちの思いが、戦後七〇年にわたり沖縄で基地被害に苦しみつづけてきた人たちの思いと、ぴたりと重なりあった瞬間でした。

なぜ、大訴訟団が結成されないのか

おそらく普通の国なら半年もたたないうちに大訴訟団が結成され、空前の損害賠償請求が東京電力に対しておこなわれたはずです。

しかし日本ではそうならなかった。ほとんどの人が国のつくった「原子力損害賠償紛争解決センター」という調停機関を通じて事実上の和解をし、東京電力側の言い値で賠償を受けるという道を選択したのです。それはいまの日本社会では、いくら訴訟をして「お上《かみ》にたてついて」も、最高裁まで行ったら必ず負けるという現実を、みんなよくわかっているからでしょう。

事実、原発関連の裁判の行方は、沖縄の基地被害の裁判を見ると予測できるのです。PART1で見たように、住民の健康にあきらかな被害をおよぼす米軍機の飛行について、最高裁は住民の健康被害を認定したうえで、「飛行の差し止めを求めることはできない」という、とんでもない判決を書いています。福島の裁判でも、それと同じような事態が起こることが予想されました。

「ふくしま集団疎開裁判」

そして残念ながら、その後、やはりそうなっているのです。

私たち関東や東北に住む人間にとって、もっとも気になるのが子どもの被曝《ひばく》問題です。子どもというのは放射能による健康被害を大人よりも受けやすく、その影響は三倍から一〇倍とされ、非常に病気になりやすい。だからとにかく子どもたちを早く逃がすべきだ。

完全に移住させることが無理なら、定期的に放射線の数値が低い場所に疎開させて、免疫力の低下を防ぐしかない。定期的に数週間疎開するだけでもずいぶん被害が減ることは、チェルノブイリの事例で報告されているからです。

そうしたなか、「ふくしま集団疎開裁判」という裁判がおこなわれました。第二次世界大戦のとき、大人は苦しい生活のなか、ちゃんと子どもを空襲のない土地に疎開させたじゃないか。それと同じだ。だから子どもたちを安全な県外に移住させるために行政措置をとれ、税金を出せという裁判です。

この部分をよく見ていただきたいのですが、二〇一三年の四月二四日、仙台高等裁判所はその集団疎開裁判の判決のなかで、こうのべています。

「チェルノブイリ原発事故後に児童に発症したとされる被害状況に鑑《かんが》みれば、福島第一原発付近一帯で生活居住する人びと、とりわけ児童生徒の生命・身体・健康について、由々しい事態の進行が懸念されるところである」

そうはっきり判決に書いているのです。これはなにを意味しているかというと、近い将来、甲状腺癌《がん》などになった子どもたちが大量に出現する可能性が高まるということです。チェルノブイリで起きたように、先天性障害や心臓病になった子どもたちも数多くあらわれることが予想される。裁判所がそれを認めているのです。

しかし、それでも子どもを救うための行政措置をとる必要はないという判決が出てしまった。住民側敗訴です。その理由のひとつが、多くの児童を含む市民の生命・身体・健康について、「中長期的には懸念が残るものの、現在ただちに不可逆的な悪影響をおよぼすおそれがあるとまでは証拠上認めがたい」からだというのです。

いったいこの「高等」裁判所はなにを言っているのでしょう? 同じ判決文の前段と後段に論理的な整合性がない。これは先にふれた沖縄の米軍機・騒音訴訟とまったく同じ構造なのです。

原発関連の訴訟にも「統治行為論」が使われている

沖縄で積み重ねられた米軍基地裁判の研究から類推して、こうしたおかしな判決が出る原因は、やはり「統治行為論」しか考えられないと思います。仙台高等裁判所の判決文を読むと、判事のなかに「真っ当な判決」を書こうと努力した人がいたことがわかります。けれどもその人物が書いた「**とりわけ児童生徒の生命・身体・健康について、由々しい事態の進行が懸念される**」という判決文に接《つ》ぎ木される形で、「しかし行政措置をとる必要はない」という非論理的な結論が出されてしまった。いったいそれはなぜなのか。

これまで原発に関する訴訟では、たった三件だけ住民側が勝訴しています（二〇一四年時点）。

まず日本で初めての住民側勝訴の判決[*1]、しかも現在にいたるまで、高等裁判所で唯一の住民側勝訴（設置許可無効）の判決を書いたのが、当時名古屋高裁金沢支部の判事だった川崎和夫裁判長です。

その川崎氏は、のちに朝日新聞記者の質問に答えて、自分はそういう考えをとらなかったが、「原発訴訟に統治行為論的な考え方を取り入れるべきだという人がいることは聞いたことがあります」とはっきりのべています。（『原発と裁判官』磯村健太郎・山口栄二／朝日新聞出版）

次に地方裁判所（金沢地裁）で最初の住民側勝訴（運転差し止め）の判決[*2]を書いたのが、現在弁護士として、柳原敏夫弁護士とともに「ふくしま集団疎開裁判」を手がけた井戸謙一裁判長です。

そして三番目が、二〇一四年五月二一日、大飯《おおい》原発三、四号機の再稼働を差し止める住民側勝訴の判決[*3]を書いた、福井地裁の樋口英明裁判長です。

この樋口判決は、人びとに大きな勇気をあたえるものでした。それはこの判決が、安倍政権の進める圧倒的な原発再稼働への流れのなかで、人びとが口に出しにくくなっていた原発への不安や怒りを、チェルノブイリの事例をもとに、論理的に、また格調高い文章で表現してくれたからでした。

「地震大国日本において基準地震動（関西電力が設定した最大震動＝七〇〇ガル）を超える地震が大飯原発に到来しないというのは、**根拠のない楽観的見通しにしかすぎない**」

「当裁判所は、〔関西電力側が展開したような〕きわめて多数の人の生存そのものに関わる権利と、電気代の高い低いの問題等とを並べて論じるような議論に加わったり、その議論の当否を判断すること自体、法的には許されないことであると考えている」

日本の司法は、まだ死んではいなかった。そう思わせてくれるすばらしい判決内容でした。しかし残念ながら、現在の法的構造のなかでは、この判決が政府・与党はもちろん、関西電力の方針に影響をあたえる可能性も、ほとんどありません。少なくとも最高裁までいったら、それが必ずくつがえることを、みんなよくわかっているからです。

＊1―二〇〇三年「動燃・もんじゅ訴訟　二審判決」／二年後の最高裁判決で住民側・逆転敗訴。
＊2―二〇〇六年「北陸電力・志賀《しか》原発二号機訴訟　一審判決」／三年後の控訴審で住民側・逆転敗訴。
＊3―二〇一四年「大飯原発三、四号機運転差し止め訴訟　一審判決」。四年後の控訴審で住民側・逆転敗訴。

沖縄から見た福島

福島の状況が過酷なのは、私がいま説明したようなウラ側の事情についての知識が、県内でほとんど共有されていないというところです。話しあう人がいない。当然です。いままでなにも問題なく暮らしていたところに、突然、原発が爆発したわけですから。

その点、沖縄には長い闘いの歴史があって、米軍基地問題についてさまざまな研究の蓄積があり、住民の人たちがウラ側の事情をよくわかっている。また、そうした闘いを支える社会勢力も存在する。まず「琉球新報」と「沖縄タイムス」という新聞二社がきちんとした報道をし、正しい情報を提供しています。政治家にも玉城デニー現知事や翁長雄志前知事のような、県民から強い支持を受けるリーダーがいる。伊波洋一・参議院議員や、亡くなった大田昌秀元知事のような素晴らしい知識人もいる。名護市の稲嶺進前市長のような、もともと市の職員だった、まさに民衆のなかから生まれた「闘う首長」もいる。大学教授や弁護士、新聞記者のなかにも、きちんと不条理と闘う人たちが何人もいる。

しかし福島県にはそうしたまとまった社会勢力は存在しない。もちろん地元メディアの記者や市民団体の人たちはがんばっていますが、それを支える社会勢力がない。そんななか、原発推進派の政治家たちが、被害者である県民たちを、放射能の汚染が残る土地に帰還させようとしているのです。

ですから福島で被災している方々に、そうした沖縄の知恵をなんとか伝えたい。戦後七〇年近く積み重ねられてきた沖縄の米軍基地問題についての研究と、そこであきらかになった人権侵害を生む法的な構造を、福島のみなさんにもなんとか知っていただきたいと思ってこの本を書いているのです。

日本はなぜ、原発を止められないのか

福島原発事故という巨大な出来事の全貌があきらかになるには、まだまだ長い時間が必要です。政府はもちろん情報を隠蔽しつづけるはずですし、米軍基地問題のように、関連するアメリカの機密文書が公開されるまでには、三〇年近くかかります。

もちろん私たちにそれを待つ時間はのこされていません。歴史的経緯がきれいに解

明されたとき、すでに日本全土が放射能で汚染されていては意味がないからです。ですから原発を動かそうとしている「主犯はだれか、その動機はなにか」という問題について、本書では棚上げにすることをお許しください。

主犯は、いったいだれなのか。みずからの間違いを認め、政策転換をする勇気のない日本の官僚組織なのか。原発利権をあきらめきれない自民党の政治家なのか。同じ自民党のなかでも、核武装の夢を見つづけている右派のグループなのか。

それとも電力会社に巨額の融資をしてしまっている銀行なのか。国際原子力村とよばれるエネルギー産業やその背後にいる国際資本なのか。その意向を受けたアメリカ政府なのか。

いろんな説がありますが、実態はよくわかりません。とりあえず本書では、犯人は「原発の再稼働によって利益を得る勢力全員」と定義しておきたいと思います。

より重要な問題は、「動かそうとする勢力」ではなく、「止めるためのシステム」のほうにあります。福島の事故を見て、ドイツやイタリアは脱原発を決めた。台湾でも市民のデモによって、新規の原発（台湾電力・第四原子力発電所）が建設中止に追いこまれた。

事故の当事国である日本でも、もちろん圧倒的多数の国民が原発廃止を望んでいる。[*] すべての原発が停止した二〇一四年夏、電力需要のピーク時に電力はじゅうぶんな余裕があり、原発を全廃しても日本経済に影響がないことはすでに証明されている。

それなのに、日本はなぜ原発を止められないのか。

＊―脱原発「賛成」七七％、原発再稼働「反対」五九％（「朝日新聞」世論調査／二〇一四年三月一五、一六日）

オモテの社会とウラの社会

この問題を考えるとき、もっとも重要なポイントは、いま私たちが普通の市民として見ているオモテの社会と、その背後に存在するウラの社会とが、かなり異なった世界だということです。そしてやっかいなのは、私たちの眼には見えにくいそのウラの社会こそが、法的な権利にもとづく「リアルな社会」だということなのです。

ＰＡＲＴ１の最後でご説明したとおり、オモテの最高法規である日本国憲法の上に、安保法体系が存在するというのがその代表的な例のひとつです。

「そんなバカな。めちゃくちゃじゃないか」

とあなたはおっしゃるかもしれません。私もそう思います。しかし現実の社会は、そのめちゃくちゃな法体系のもとで判決が出され、権力が行使され、日々経済活動がおこなわれているのです。ですからその構造を解明し、正しく変える方向に進むことができなければ、オモテの社会についていくら論じたり、文句を言ったりしても、まったく意味がないということになってしまうのです。

さらに複雑な問題があります。PART1でご説明した、

「日米安保・法体系（上位）」＞「日本国憲法・法体系（下位）」

という関係は、一般の人には見えにくいものの、きちんと明文化されている問題です。だから順を追って、ていねいに見ていくと、だれの眼にもあきらかになる。しかし複雑なのは、さらにその上に、安保法体系にも明記されていない隠された法体系があるということです。

それが「密約法体系」です。つまりアメリカ政府との交渉のなかで、どうしても向

こうの言うことを聞かなければならない、しかしこれだけはとても日本国民の眼にはふれさせられない、そうした最高度に重要な合意事項を、交渉担当者間の秘密了解事項として、これまでずっとサインしてきたわけです。

そうした密約の数々は、安保法体系のなかで、いずれも条約と同じ効力をもっています。ですから五七ページの図で見たように、もともと日本の法律よりも上位にあり、さらに砂川裁判最高裁判決によって、日本の憲法よりも上位にあることが確定している。六〇年にわたって、そうしたウラ側の「最高法規」が積み重なっているのです。

この「密約法体系」の存在を考えに入れて議論しないと、

「なぜ沖縄や福島で起きているあきらかな人権侵害がストップできないのか」
「なぜ裁判所は、だれが考えても不可解な判決を出すのか」
「なぜ日本の政治家は、選挙に通ったあと、公約と正反対のことばかりやるのか」

ということが、まったくわからなくなってしまうのです。

アメリカで機密解除されたふたつの公文書

この密約法体系は、まさに戦後日本の闇そのものと言えるような問題です。ですから本来非常に複雑なのですが、ここではそれを極限まで簡単にご説明したいと思います。アメリカで機密解除された次の公文書をふたつだけ読んでもらえば、戦後七〇年たってもなお、日本がまともな主権をもつ独立国でないことが、どなたにもはっきりと理解していただけると思います。

まずみなさんよくご存じのとおり、日本は第二次大戦で無残に敗北し、米軍によって六年半、占領されました。その間、一九五二年に日本が独立を回復するまで、米軍は日本国内で自由に行動することができました。もちろん日本の法律など、なにも関係ありません。まさにオールマイティの存在でした。占領とはもともとそういうものですから、そのこと自体はしかたなかったのかもしれません。

しかし問題は占領の終結後、それがどう変わったかです。サンフランシスコ平和条約と日米安保条約を同時に結び、一九五二年に独立を回復したはずの日本の実態はどうだったのか。

答えは「依然として、軍事占領状態が継続した」ということになります。沖縄だけの話ではありません。日本全体の話です。その証拠となるふたつの文書が、アメリカで機密解除された公文書のなかから見つかっているのです。（『日米「密約」外交と人民のたたかい』新原昭治／新日本出版社）

まずひとつ目が、一九五七年二月一四日、日本のアメリカ大使館から本国の国務省にあてて送られた秘密報告書です。当時、再選されたばかりだったアイゼンハワー大統領は、世界中の米軍基地の最新状況を把握するため、フランク・ナッシュ大統領特別補佐官に命じて極秘報告書（「ナッシュ・レポート」）をつくらせていました。アメリカ大使館が作成した左の報告書は、そのナッシュ・レポートを書くための基礎資料として本国へ送られたものです。

公文書なので少し読みにくいかもしれませんが、これだけはがんばって、次の引用箇所を全部読んでみてください。これは私たち日本人が現在直面する数々の問題を解決するために、どうしても知っておかねばならない最重要文書のひとつだからです。

ちなみに文中に出てくる「行政協定」というのは、旧安保条約のもとで日本に駐留する米軍が、どのような法的特権をもっているかについて定めた日米間の取り決めです。旧安保条約（一九五二年発効）に対応する取り決めが日米行政協定、現在の安保条約（一九六〇年発効）に対応する取り決めが日米地位協定という関係になります。

「在日米軍基地に関する極秘報告書」（著者による英文からの部分訳。文中の番号も同じ）

「日本国内におけるアメリカの軍事行動の（略）きわだった特徴は、その規模の大きさと、アメリカにあたえられた基地に関する権利の大きさにある。〔安保条約にもとづく〕行政協定は、アメリカが占領中に保持していた軍事活動のための（略）権限と（略）権利を、アメリカのために保護している。①安保条約のもとでは、日本政府とのいかなる相談もなしに（略）米軍を使うことができる。②

行政協定のもとでは、新しい基地についての条件を決める権利も、現存する基地を保持しつづける権利も、米軍の判断にゆだねられている。③それぞれの米軍施設についての基本合意に加え、地域の主権と利益を侵害する数多くの補足的な取り決めが存在する。④数多くのアメリカの諜報活動機関（略）の要員が、なんの妨げも受けず日本中で活動している。⑤

米軍の部隊や装備（略）なども、地元とのいかなる取り決めもなしに、また地元当局への事前連絡さえなしに、日本への出入りを自由におこなう権限があたえられている。⑥すべてが（略）米軍の決定によって、日本国内で演習がおこなわれ、射撃訓練が実施され、軍用機が飛び、その他の非常に重要な軍事活動が日常的におこなわれている。⑦」

いかがでしょう？　米軍の特権を定めた日米行政協定について、この秘密報告書は、

「行政協定は、アメリカが占領中に保持していた軍事活動のための（略）権限と（略）権利を、アメリカのために保護している」①

「〔行政協定には〕地域の主権と利益を侵害する数多くの補足的な取り決めが存在する」④

とはっきり書いています。アメリカ大使館自身が、大統領への調査資料のなかでその事実を認めているのですから、いくら日本の外務省や御用学者たちがその内容を否定しても、なんの意味もありません。彼らはこの事実があきらかになると世論からバッシングを受ける側、つまり事実を隠蔽する動機をもつ立場にいるからです。

この秘密報告書があきらかにしているのは、日本に駐留する米軍の権利については、占領期から独立（一九五二年）以降にかけて、ほとんど変わることなく維持されたということです。この文書が書かれた一九五七年といえば、独立からすでに五年が過ぎ、三年後には安保条約が改定される、そんな時期です。しかし依然として軍事占領状態が継続していた。そのことが、アメリカ大統領の要請にもとづいておこなわれた特別補佐官の極秘調査資料によって証明されているのです。

米軍の権利は、旧安保条約と新安保条約で、ほとんど変わっていない

「いや、それは大昔のことですよ」

日米の密約が公表されると、自民党の政治家は必ずこう言います。昔はそういう占領のなごりのようなものがのこっていたが、わが自民党の誇る岸信介《のぶすけ》首相が、一九六〇年に政治生命をかけて安保条約を改定し、そうした不平等状態に終止符を打ったのだと。

しかし、もうひとつ次の文書を見てください。これはその一九六〇年の新安保条約を調印する直前に、岸政権の藤山外務大臣とマッカーサー駐日アメリカ大使（マッカーサー元帥の甥）がサインした「基地の権利に関する密約（基地権密約）」です。前出の秘密報告書と同じく、この文書も国際問題研究家で、こうした「日米密約研究」という研究ジャンルそのものの創始者である新原昭治さんが発見されました。左の文中①が「米軍基地及び米軍使用区域」のこと、②が新安保条約のもとで結ばれた「日米地位協定」のこと、③が旧安保条約のもとで結ばれた「日米行政協定」のことです。それぞれ置きかえて読んでみてください。（文中の番号は著者による）

「日本国における合衆国軍隊の使用のため日本国政府によって許与された**施設および区域**①内での合衆国の権利は、**一九六〇年一月一九日にワシントンで調印された協定**②第三条一項の改定された文言のもとで、**一九五二年二月二八日に東京で調印された協定**③のもとでと変わることなく続く」（一九六〇年一月六日）

つまり米軍基地及び米軍使用区域を使ううえでの米軍の権利については、「これまでの取り決め（日米行政協定）と、これからの取り決め（日米地位協定）には、まったく変わりがありません」

ということを、日本政府が約束しているのです。

そしてこの一九六〇年以降、日米地位協定はひと文字も改定されていませんから、先の秘密報告書（一九五七年）とこの密約文書（一九六〇年）をふたつ並べただけで、現在の日本において、米軍が基地の使用については占領期とほぼ同じ法的権利をもっていることが論理的に証明されるのです。

オスプレイの謎

これらふたつの文書を読んだだけで、現在の日本に起きている、いくつかの不思議な出来事の謎が解けてしまいます。

まず、オスプレイです。

みなさんよくご存じのとおり、オスプレイというのは米軍が開発した、非常に事故の多い特殊軍用機です。二〇一二年九月、このオスプレイの沖縄への配備がせまるなか、沖縄県のすべての市町村（全四一）の議会が「受け入れ反対」を表明し、一〇万人の沖縄県民が集まって反対集会を開きました。

さらに翌二〇一三年一月には、沖縄のすべての市町村長と議長（代理を含む）が上京し、「オスプレイの配備撤回」や「辺野古への基地移設の断念」を求める「建白書（抗議要請文）」を安倍首相に手渡したのです。

しかしそれでもオスプレイは、反対運動などなにもなかったかのように沖縄に配備され、訓練がおこなわれるようになりました。アメリカ本国では「遺跡にあたえる影響」や「コウモリの生態系にあたえる影響」を考慮して、訓練が中止になっているにもかかわらずです。

有名な話ですが、配備直前の二〇一二年七月、民放のテレビ番組に出演した野田首相は、

「〔オスプレイの〕配備自体はアメリカ政府の基本方針で、同盟関係にあるとはいえ、〔日本側から〕どうしろ、こうしろという話ではない」

とのべました。日本国民の安全や生命がおびやかされているのに「どうしろ、こうしろという話ではない」とは、いったいどういう言い草か。このとき日本人はみなその無責任さに驚いたわけですが、九〇ページの秘密報告書を読めば、彼がなぜそう言ったかがわかります。

「安保条約のもとでは、日本政府とのいかなる相談もなしに（略）米軍を使うことができる」②

「米軍の部隊や装備（略）なども、（略）地元当局への事前連絡さえなしに、日本への出入りを自由におこなう権限があたえられている」⑥

と、はっきり書いてあります。一九五二年に結ばれた日米行政協定の第三条と第二六条がこうした権利の根拠となっています。

そして『本当は憲法より大切な「日米地位協定入門」』でくわしく論じたように、

九三ページの「基地権密約」のような数々の密約によって、そうした米軍の権利は現在まで基本的に変わらず受けつがれていることがわかっている。密約といっても、外務大臣と大使が安保条約にもとづき正式にサイン(イニシャルだけのサインでした)したものですから、これは条約とまったく同じ法的効力をもつのです。

さらにPART1でご説明したとおり、米軍が密約にもとづいてこれらの権限を行使したとき、日本国民の側に立って人権侵害にストップをかけるべき憲法は、一九五九年の砂川裁判最高裁判決によって機能停止状態におちいっている。

つまり日本国首相に、この密約に抵抗する手立てはなにもないわけです。だからおそらく野田首相は、外務省からレクチャーされたとおりに「この国の真実」を語るしかなかったのでしょう。もちろんそこに心の痛みや、知的な疑問がカケラも感じられなかったことは、きびしく指摘しておく必要がありますが。

辺野古の謎

もうひとつ、オスプレイと並んで有名な辺野古の新基地建設をめぐる謎があります。

一九九五年、沖縄の北部で**三人の米兵が、商店街にノートを買いにきた一二歳の女**

子小学生を車で連れ去り、近くの海岸で三人でレイプしました。この事件をきっかけに、沖縄では米軍の駐留に対する大規模な反対運動がわき起こり、翌一九九六年には「世界一危険な飛行場」と言われた普天間基地の返還が合意されました。

　ところがその後、いつのまにか普天間返還の条件として、沖縄本島北部の美しい辺野古の岬に、大規模な米軍基地を新たに建設するという日米政府の合意がなされていたのです。

　そもそも現在沖縄にある基地は、すべて米軍によって強制的に奪われた土地につくられたものです。戦争中はもちろん、戦後になってからも、銃剣を突きつけ、家をブルドーザーで引き倒し、住民から無理やり土地を奪って建設したものです。

　しかし、もし今回、辺野古での基地建設を認めてしまったら、それは沖縄の歴史上初めて県民が、米軍基地の存在をみずから容認するということになってしまう。それだけは絶対にできないということで、粘り強い抵抗運動が続いているのです。

　ところが二〇一八年一二月一四日、日本政府はわずか二ヵ月前に圧倒的多数で玉城デニー新知事を選んだ沖縄県民の民意を完全に無視し、辺野古の埋めたて（土砂投入）を開始したのです。

　なぜそんなことがおこなわれてしまうのか。

先ほどの一九五七年の秘密文書を見てください。

「新しい基地についての条件を決める権利も、現存する基地を保持しつづける権利も、米軍の判断にゆだねられている」[3]

こうした内容の取り決めに日本政府は合意してしまっている以上、いくら貴重な自然が破壊されようと、市民が選挙でNOという民意を示そうと、止めることはできない。これはオスプレイとまったく同じ構造です。

だから日本政府にはなにも期待できない。自分たちで体を張って巨大基地の建設を阻止するしかない。沖縄の人たちは、そのことをよくわかっているのです。

日本には国境がない

「でもそれは基地の問題だけだろう。軍事関係の問題だけだ。占領の継続とか、日本全体が独立国家ではないとか、おおげさなことを言うな」

と言う方もいます。しかし四六ページの図をもう一度よく見てください。太平洋上空から首都圏全体をおおう巨大な空域が米軍によって支配されています。日本の飛行機はそこを飛べませんし、米軍から情報をもらわなければ、どんな飛行機が飛んでいるかもわかりません。

そしてその管理空域の下には、横田や厚木、座間、横須賀などといった、沖縄並みの巨大な米軍基地が首都東京を取りかこむように存在しており、それらの基地の内側は日米地位協定によって治外法権状態であることが確定しています。このふたつの確定した事実から導かれる論理的結論は、

「日本には国境がない」

という事実です。

二〇一三年にアメリカ政府による違法な情報収集活動が発覚したとき（いわゆる「スノーデン事件」）、「バックドア」という言葉がよく報道されました。つまり世界中にあるさまざまなデータベースが、表面上は厳重に保護されているように見えても、後ろ側に秘密のドアがあって、アメリカ政府はそこから自由に出入りして情報を入手していたというのです。

日本という国には、まさに在日米軍基地というバックドアが各地にあって、米軍関係者はそこからノーチェックで自由に日本に出入りしている。自分たちの支配する空域を通って基地に着陸し、そのまま基地のフェンスの外に出たり入ったりしているのです。だからそもそも日本政府は、現在、日本国内にどういうアメリカ人が何人いる

か、まったく把握できていないのです。

国家の三要素とは、国民・領土（領域）・主権だといわれます。国境がないということは、つまり領域がないということです。首都圏の上空全域が他国に支配されているわけですから、もちろん主権もない。日本は独立国家ではないということになります。

「バックドア」から出入りするＣＩＡの工作員

だんだん書いていて悲しくなってきましたが、いくらつらくても、「はじめに」で書いた「大きな謎を解く」ためには、現実をしっかり直視しなければなりません。この問題に関連してもうひとつ、非常に重要な事実があるからです。

それは米軍基地を通って日本に自由に出入りするアメリカ人のなかに、数多くのＣＩＡの工作員《エージェント》が含まれているということです。こう言うと、

「ほら始まった。やっぱりこいつは陰謀論者だ」

と思う方がいるかもしれません。しかし、ちがうのです。先ほどご紹介した大統領特別補佐官への秘密報告書をもう一度見てください。そのなかに、はっきりとこう書

かれているのです。

「数多くのアメリカの諜報活動機関（略）の要員が、なんの妨げも受けず日本中で活動している」（九〇ページ⑤）とちゃんと書いてありますよね。驚くべきことではないでしょうか。こうした権利も一九六〇年の密約によって、現在までなにも変わらず受けつがれている。

現在でも米軍やCIAの関係者は直接、横田基地や横須賀基地にやってきて、そこから都心（青山公園内の「六本木ヘリポート」）にヘリで向かう。さらに六本木ヘリポートから、日米合同委員会の開かれる「ニューサンノー米軍センター」（米軍専用のホテル兼会議場）やアメリカ大使館までは、車で五分程度で移動することができるのです（↓一〇二ページ）**。それでも日本政府はなんの抗議もしないわけです。**

先にふれたスノーデン事件のとき、電話を盗聴された各国（ドイツやフランス、ブラジルなど）の首脳たちがアメリカ政府に激しく抗議するなか、日本の小野寺防衛大臣だけは、

「そのような報道は信じたくない」

と、ただのべるだけでした。日本の「バックドア」は情報空間だけでなく、首都圏上空や米軍基地という物理的空間にも設けられている。そのことを考えると、いまさ

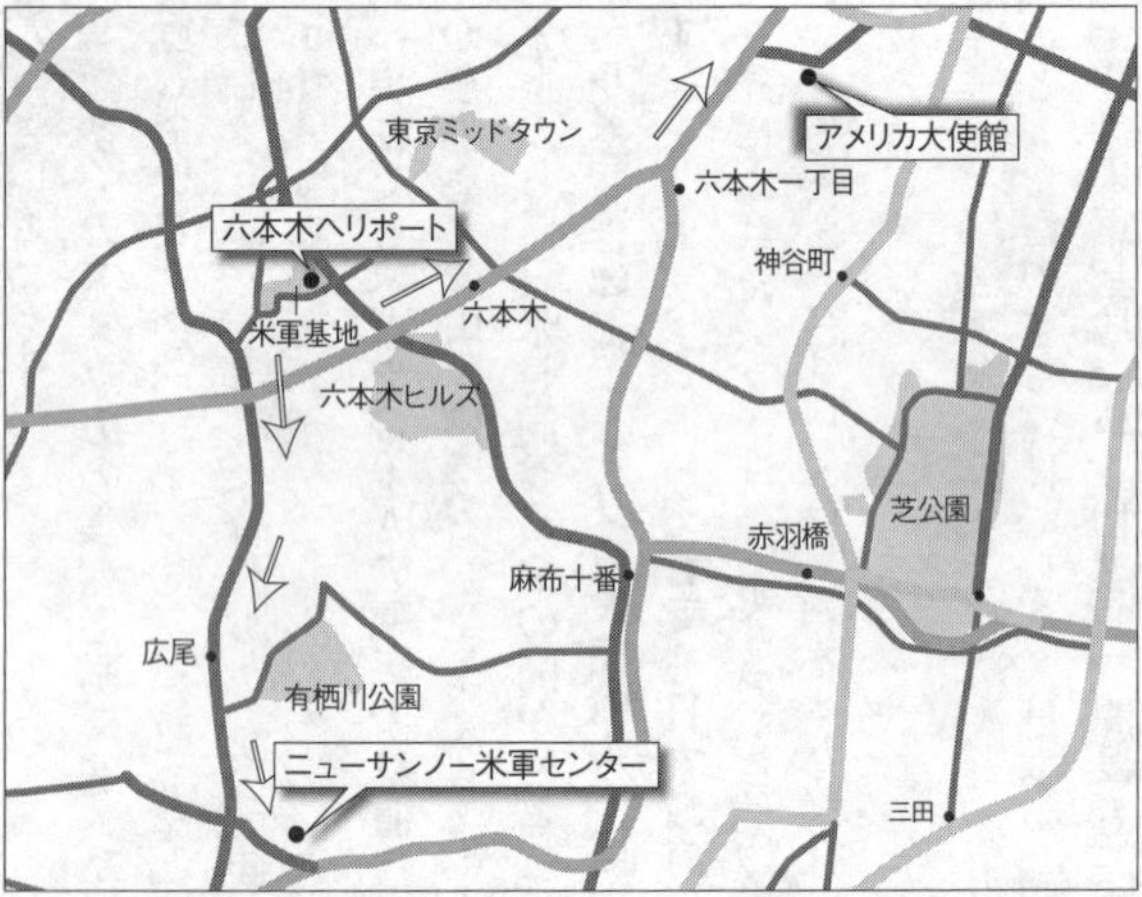

上／「六本木ヘリポート」から、ニューサンノー米軍センターとアメリカ大使館への経路
右下／日米合同委員会が開かれる「ニューサンノー米軍センター」｜©須田慎太郎
左下／「六本木ヘリポート」は六本木トンネルの上の青山公園内にある。青山墓地の向こうに新宿の高層ビルが見える｜©須田慎太郎

らそんな盗聴レベルの問題について抗議しても、たしかに意味はありません。そう答えるしかなかったのだと思います。

外国軍が駐留している国は独立国ではない

六本木というのは東京の都心中の都心です。そこに「六本木ヘリポート」というバックドアがあり、ＣＩＡの工作員が何人でも自由に入国し、活動することができる。そしてそれらの米軍施設内はすべて治外法権になっており、沖縄や横須賀や岩国と同じく、米軍関係者が施設外で女性をレイプしても、施設内に逃げこめば基本的に逮捕できない。これはまちがいなく、占領状態の延長です。

ＰＡＲＴ１でお話しした私の本（『本土の人間は知らないが、沖縄の人はみんな知っていること——沖縄・米軍基地観光ガイド』）のメイン・タイトルにある「沖縄の人はみんな知っていること」、それは同時に「本土の日本人以外、世界中の人が知っていること」でもあるのですが、それは、

「**外国軍が駐留している国は独立国ではない**」という事実です。

だからみんな必死になって外国軍を追い出そうとします。あとでお話しするフィリ

ピンやイラクがそうです。フィリピンは憲法改正によって、一九九二年に米軍を完全撤退させました。

イラクもそうです。あれほどボロ負けしたイラク戦争からわずか八年で、米軍を完全撤退させています（二〇一一年）。綿井《わたい》健陽《たけはる》さんという映像ジャーナリストがいますが、彼がイラク戦争を撮影した映像のなかで、戦争終結直後、五〇歳くらいの普通のイラクのオヤジさんが町で大声で、こんなことを言っていました。

「アメリカ軍にアドバイスしたい。**できるだけ早く出て行ってくれ。さもなければひとりずつ、銃で撃つしかない。**われわれはイラク人だ。感謝していることもあるが、ゲームは終わった。彼らはすぐに出て行かなければならない」（『Little Birds イラク戦火の家族たち』）

普通のオヤジさんですよ。撃つといってもせいぜい小さなピストルをもっているくらいでしょう。しかし、これが国際標準の常識なんだなと思いました。占領軍がそのまま居すわったら、独立国でなくなることをよく知っている。

前出の孫崎享さんに言わせると、実はベトナムもそうなんだと。ベトナム戦争というのは視点を変えて見ると、ベトナム国内から米軍を追い出すための壮大な戦いだったということです。

三つの裏マニュアル

このように「戦後日本」という国は、占領終結後も国内に無制限で外国軍（米軍）の駐留を認め、軍事・外交面での主権をほぼ放棄することになりました。

もちろんそのようにアメリカに従うことで、大きな経済的利益を手にしたことも事実です。また、東西冷戦構造が存在した時代は、その矛盾もいまほど目立つことはありませんでした。

しかし冷戦が終わったいま、国内（くり返しますが、決して沖縄だけではありません）に巨大な外国軍の駐留を認め、その軍隊に無制限に近い行動の自由を許可するなどということは、どう考えても不可能になっています。辺野古の新基地建設やオスプレイの問題によくあらわれているように、どうやっても解決不能な問題が生まれてしまう。なぜなら、

「自国内の外国軍に、ほとんど無制限に近い行動の自由を許可すること」と、

「民主的な法治国家であること」は、絶対に両立しないからです。

その大きな矛盾を隠すために、「戦後日本」という国は、国家のもっとも重要なセ

クションに分厚い裏マニュアルを必要とするようになりました。

できた順番でご紹介します。それは、

①最高裁の「部外秘資料」(一九五二年九月：正式名称は「日米行政協定に伴う民事及び刑事特別法関係資料」**最高裁判所事務総局**／編集・発行)

②検察の「実務資料」(正式名称は「外国軍隊に対する刑事裁判権の解説及び資料」一九五四年一〇月→「合衆国軍隊構成員等に対する刑事裁判権関係実務資料」一九七二年三月：法務省刑事局／作成・発行)

③外務省の「日米地位協定の考え方」(一九七三年四月：正式名称同じ。外務省条約局・アメリカ局／作成)

の三つです。これらはいずれも、独立した法治国家であるはずの日本の国内で、米軍および米兵に事実上の「治外法権」をあたえるためにつくられた裏マニュアルです(三つとも、日米合同委員会における非公開の「合意議事録」の事例をマニュアル化する形でまとめられたものです)。

それぞれのマニュアルについてくわしくお知りになりたい方は、①と②については

『検証・法治国家崩壊』の著者である吉田敏浩さん著の『密約——日米地位協定と米兵犯罪』（毎日新聞社）を、③については前泊博盛さん編著の『本当は憲法より大切な「日米地位協定入門」』（創元社）をぜひお読みください。

殺人者を無罪にする役所間の連係プレー

ごく簡単に説明しておきますと、たとえば在日米軍の兵士が重大な犯罪をおかすとします。女性をレイプしたり、車で人をはねたり、ひどい場合には射殺したりする。すると、そのあつかいをめぐって、日本のエリート官僚と在日米軍高官をメンバーとする日米合同委員会（↓六六ページ）で非公開の協議がおこなわれるわけです。

実際に二一歳の米兵が、四六歳の日本人主婦を基地のなかで遊び半分に射殺した「ジラード事件」（一九五七年／群馬県）では、その日米合同委員会での秘密合意事項として、

「〔日本の検察が〕ジラードを殺人罪ではなく、傷害致死罪で起訴すること」
「日本側が、日本の訴訟代理人〔検察庁〕を通じて、日本の裁判所に対し判決を可能なかぎり軽くするように勧告すること」

が合意されたことがわかっています。（『秘密のファイル（下）』春名幹男／共同通信社）

つまり、米軍と日本の官僚の代表が非公開で協議し、そこで決定された方針が法務省経由で検察庁に伝えられる。報告を受けた検察庁は、みずからが軽めの求刑をすると同時に、裁判所に対しても軽めの判決をするように働きかける。裁判所はその働きかけどおりに、ありえないほど軽い判決を出すという流れです。

ジラード事件のケースでいうと、遊び半分で日本人女性を射殺したにもかかわらず、検察は秘密合意にしたがい、ジラードを殺人罪ではなく傷害致死罪で起訴し、「懲役五年」という異常に軽い求刑をしました。それを受けて前橋地方裁判所は、「懲役三年、執行猶予四年」という、さらに異常なほど軽い判決を出す。そして検察が控訴せず、そのまま「執行猶予」が確定。判決の二週間後には、ジラードはアメリカへの帰国が認められました。

つまり、「アメリカとの協議（外務省）→異常に軽い求刑（法務省→検察庁）→異常に軽い判決（地方裁判所）→アメリカへの帰国（外務省）」という役所間の連係プレーによって、あきらかな殺人犯に対し事実上の無罪判決が実現したわけです。

日本のエリート官僚が、ウラ側の法体系と一体化してしまった

ＰＡＲＴ１でご紹介した砂川裁判でも、米軍駐留は違憲との一審判決を受け、それを早急にくつがえそうと考えた駐日アメリカ大使が日本に対して、東京高裁を飛び越して最高裁に上告せよ、そしてなるべく早く逆転判決を出せ、と求めています。

このときはまず、

「駐日アメリカ大使」→「外務省」→「日本政府」→「法務省」→「最高裁」
（D・マッカーサー二世）（藤山愛一郎）（岸信介）（愛知揆一）（田中耕太郎）

という裏側の権力チャネルで、アメリカ側の「要望」が最高裁に伝えられました。

先にふれた三つの裏マニュアルは、こうしたウラ側での権力行使（＝方針決定）を、オモテ側の日本国憲法・法体系のなかにどうやって位置づけるか、また位置づけたふりをするかという目的のためにつくられたものなのです。

お読みになっているみなさんは、かなりウンザリされてきたかもしれません。で

も、もう少しだけがまんして読んでいただきます。この米軍基地問題に関してくり返されるようになった「ウラ側での権力行使」には、さらに大きな副作用があったからです。

つまり、こうした形で司法への違法な介入がくり返された結果、**国家の中枢にいる外務官僚や法務官僚たちが、オモテ側の法体系を尊重しなくなってしまったのです。**

それはある意味当然で、一方的に彼らを責めるわけにはいきません。一般の人たちがオモテ側の法体系にもとづいていくら議論したり、その結果、ある方向に物事が動いているように見えたとしても、最後にはそれがひっくりかえることを彼らエリート官僚たちはよく知っている。

ウラ側の法体系を無視した鳩山政権が九ヵ月で崩壊し、官僚の言いなりにふるまった野田政権が一年四ヵ月つづいたことがその良い例です。鳩山さんには国民の圧倒的な支持があり、一方、野田さんが首相になるなどと思っていた人は、だれひとりいなかった。それでも野田政権は鳩山政権の倍近くつづいた。米軍関係者からの評価が非常に高かったからです。

ＰＡＲＴ１の最後で、日米合同委員会のメンバーとなったエリート官僚の出世についてお話ししました。そのように歴代の検事総長を含む、日本のキャリア官僚のなかでも正真正銘のトップクラスの人たちが、この日米合同委員会という「米軍・官僚共同体」のメンバーとなることで、ウラ側の法体系と一体化してしまった。そして、すでに六〇年がたってしまった。その結果、日本の高級官僚たちの国内法の軽視は、ついに行きつくところまで行きついてしまったのです。

「統治行為論」と「裁量行為論」と「第三者行為論」

ここでふたたび、話は福島の問題にもどってきます。原発の問題を考える場合も、このウラ側の法体系をつねに考慮しておく必要があるからです。注意すべきは、砂川裁判で最高裁が「憲法判断をしない」としたのが、「安保条約」そのものではなく、「安保条約のようなわが国の存立の基礎に重大な関係をもつ高度な政治性を有する問題」というあいまいな定義になっているところです。

ですから少なくとも「国家レベルの安全保障」については、最高裁が絶対に憲法判断をせず、その分野に法的コントロールがおよばないことは確定しています。おそらく事故の翌年（二〇一二年六月二七日）改正された「原子力基本法」に、

「前項〔＝原子力利用〕の安全の確保については、（略）わが国の安全保障に資する

（＝役立つ）**ことを目的として、行うものとする**」（第二条二項）という条文がこっそり入ったのもそのせいでしょう。**この条文によってその後、原発に関する安全性の問題は、すべて法的コントロールの枠外へ移行することになりました**。どんなにめちゃくちゃなことをやっても、安全保障関連の問題とされて憲法判断ができず、実行者を罰することができないからです。

一九七八年、愛媛県の伊方《いかた》原発訴訟（建設予定の原発の安全性をめぐって争われました）の一審判決で、柏木賢吉裁判長はすでに、

「原子炉の設置は国の高度の政策的判断と密接に関連することから、**原子炉の設置許可は周辺住民との関係でも国の裁量行為に属する**」

とのべていました。さらに同裁判の一九九二年の最高裁判決で小野幹雄裁判長は、

「〔原発の安全性の審査は〕原子力工学はもとより、多方面にわたるきわめて高度な最新の科学的、専門技術的知見にもとづく総合的判断が必要とされる」ことから、

「原子力委員会の科学的、専門技術的知見にもとづく意見を尊重しておこなう**内閣総理大臣の合理的判断にゆだねる」のが相当**（＝適当）**である**とのべていました。

このロジックは、PART1で見た田中耕太郎長官による最高裁判決とまったく同じであることがわかります。三権分立の立場からアメリカや行政のまちがいに歯止め

をかけようという姿勢はどこにもなく、アメリカや行政の判断に対し、ただ無条件でしたがっているだけです。
田中耕太郎判決は「統治行為論」、柏木賢吉判決は「裁量行為論」、米軍機の騒音訴訟は「第三者行為論」と呼ばれますが、すべて内容は同じです。PART1で小林節教授の著書から引用したとおり、こうした「法理論」の行きつく先は、「司法による人権保障の可能性を閉ざす障害とも、また行政権力の絶対化をまねく要因ともなりかねず、「司法審査権の全面否定にもつながりかねない」。
まったくそのとおりのことを、過去半世紀にわたって日本の裁判所はやりつづけているのです。また、そうした判決に向けて圧力をかけているのが、おそらく一〇六ページの「裏マニュアル①」をつくった最高裁事務総局であることは、すでに複数の識者から指摘されています。裁判所の人事や予算を一手に握るこの組織が、「裁判官会同」や「裁判官協議会」という名目のもとに会議を開いて裁判官を集め、事実上、自分たちが出したい判決の方向へ裁判官たちを誘導している事実が報告されているからです。（『司法官僚』新藤宗幸・『原発訴訟』海渡雄一／ともに岩波書店）
こうして駐日アメリカ大使と日本の最高裁が米軍基地問題に関してあみだした、「統治行為論」という「日本の憲法を機能停止に追いこむための法的トリック」を、日本の行政官僚や司法官僚たちが基地以外の問題にも使い始めるようになってしまった。官僚たちが「わが国の存立の基礎にきわめて重大な関係をもつ」と考える問題については、自由に治外法権状態を設定できるような法的構造が生まれてしまった。その行きついた先が、現実に放射能汚染が進行し、多くの国民が被曝しつづけるなかでの原発再稼働という、狂気の政策なのです。

「政府は憲法に違反する法律を制定することができる」

次の条文を見てください。悪名高きナチスの全権委任法の第二条です。この法律は、ナチス突撃隊（SA）や親衛隊（SS）が国会議事堂（臨時）をとりかこみ、多くの野党議員を院外に排除するなか、一九三三年三月二三日に可決、制定されました。

「全権委任法第二条　ドイツ政府によって制定された法律は、国会および第二院の制度そのものにかかわるものでないかぎり、憲法に違反することができる。（略）」

この法律の制定によって、当時、世界でもっとも民主的な憲法だったワイマール憲法はその機能を停止し、ドイツの議会制民主主義と立憲主義も消滅したとされます。つまりその後のドイツは、民主主義国家でも法治国家でもなくなってしまったのです。

「政府は憲法に違反する法律を制定することができる」

これをやったら、もちろんどんな国だって滅ぶに決まっています。しかし日本の場合はすでに見たように、米軍基地問題をきっかけに憲法が機能停止状態に追いこまれ、「アメリカの意向」をバックにした官僚たちが平然と憲法違反をくり返すようになりました。言うまでもなく憲法とは主権者である国民から政府への命令、官僚をしばる鎖。それがまったく機能しなくなってしまったのです。

「『法律が憲法に違反できる』というような法律は、いまはどんな独裁国家にも存在しない」

というのが、世界の法学における定説だそうです。

けれども現在の日本における現実は、ナチスよりも、もっとひどい。法律どころか、「官僚が自分たちでつくった政令や省令」でさえ、憲法に違反できる状況になっているのです。

放射性物質は汚染防止法の適用除外！

そうした驚くべき現実を、もっとも明確な形で思い知らされることになったのが、福島原発事故に関して、損害賠償請求の裁判をおこなった被災者たちでした。ひとつ例をあげて説明します。

おそらく、そこにいた全員が、耳を疑ったことでしょう。二〇一一年八月、福島第一原発から四五キロ離れた名門ゴルフ場（サンフィールド二本松ゴルフ倶楽部）が、放射能の除染を求めて東京電力を訴えたときのことです。このゴルフ場はコース内の放射能汚染がひどく、営業停止に追いこまれていたのです。

この裁判で東京電力側の弁護士は驚愕の主張をしました。

「福島原発の敷地から外に出た放射性物質は、すでに東京電力の所有物ではない『無《む》主物《しゅぶつ》』である。したがって東京電力にゴルフ場の除染の義務はない」

はあ？　いったいなにを言ってるんだ。この弁護士はバカなのか？　みなそう思ったといいます。

ところが東京地裁は「所有物ではないから除染の義務はない」という主張はさすがに採用しなかったものの、「除染方法や廃棄物処理のあり方が確立していない」という、わけのわからない理由をあげ、東京電力に放射性物質の除去を命じることはできないとしたのです。この判決を報じた本土の大手メディアは、東電側の弁護士がめくらましで使った「無主物（だれのものでもないもの）」という法律用語に幻惑され、ただとまどうだけでした。

しかし沖縄の基地問題を知っている人なら、すぐにピンとくるはずです。こうしたどう考えてもおかしな判決が出るときは、その裏に必ずなにか別のロジックが隠されているのです。すでにのべたとおり、砂川裁判における「統治行為論」、伊方原発訴訟における「裁量行為論」、米軍機騒音訴訟における「第三者行為論」など、あとになってわかったのは、それらはすべて素人の目をごまかすための無意味なブラックボックスでしかなかったということです。

原発災害についても、調べてみてわかりました。PART1で説明した、航空法の「適用除外」について思い出してください。米軍機が航空法（第六章）の適用除外になっているため、どんな「違法な」飛行をしても罰せられない仕組みになっていることとについて書きましたが、やはり、そうだったのです。まったく同じだったのです。日本には汚染を防止するための立派な法律があるのに、**なんと放射性物質はその適用除外となっていたのです！**

「大気汚染防止法　第二七条一項
この法律の規定は、放射性物質による大気の汚染およびその防止**については適用しない**」

「土壌汚染対策法　第二条一項
この法律において『特定有害物質』とは、鉛、ヒ素、トリクロロエチレンその他の物質**（放射性物質を除く）**であって（略）」

「水質汚濁防止法　第二三条一項
この法律の規定は、放射性物質による水質の汚濁およびその**防止については適用しない**」

そしてここが一番のトリックなのですが、環境基本法（第一三条）のなかで、そうした放射性物質による各種汚染の防止については「原子力基本法その他の関係法律で

定める」としておきながら、実はなにも定めていないのです。この重大な事実を最初に指摘したのは、月刊誌「農業経営者」副編集長の浅川芳裕さんでした。（同誌二〇一一年七月号）

浅川さんは、福島の農家のAさんが汚染の被害を訴えに行ったとき、環境省の担当者からこの土壌汚染対策法の条文を根拠にして、

「当省としましては、このたびの放射性物質の放出に違法性はないものと認識しています」

と言われたと、はっきり書いています。（「週刊文春」二〇一一年七月七日号）

これでゴルフ場汚染裁判における弁護士の不可解な主張の意味がわかります。**いくらゴルフ場を汚しても、法的には汚染じゃないから除染も賠償もする義務がないのです。家や畑や海や大気も同じです。**しかしそれを正直に言うと暴動が起きるので、ただ「原子力損害賠償紛争解決センター」という目くらましの機関をつくって、加害者側のふところが痛まない程度のお金を、勝手に金額を決めて支払い、賠償するふりをしていただけなのです。

法律が改正されてもつづく「放射性物質の適用除外」

その後、福島原発事故から一年三ヵ月たって、さすがに放射能汚染の適用除外については、法律の改正がおこなわれました。しかし結果としてはなにも変わっていません。変えたように見せかけて、実態は変えない。そういう官僚のテクニックを知っていただくために少しくわしくお話しします。

まず先ほどの説明で「一番のトリック」と指摘した環境基本法第一三条は、丸ごと削除になりました（二〇一二年六月二七日）。「放射性物質による大気の汚染、水質の汚濁および土壌の汚染の防止のための措置については、原子力基本法その他の関係法律で定める」とあったため、

「こんな大事故が起こったんだから、条文に書いてあるとおり、ちゃんと原子力基本法で定めて汚染を防止できるようにしろ」

と言われるとまずいと思ったのでしょう。

同時に大気汚染防止法と水質汚濁防止法における放射性物質の適用除外の規定も削除されました（土壌汚染対策法の適用除外規定だけは、おそらく意図的に、その後ものこ

されました)。

しかし最悪なのは、**環境基本法第一三条が削除された結果、放射能汚染については同基本法のなかで、ほかの汚染物質と同じく、「政府が基準を定め(一六条)」「国が防止のために必要な措置をとる(二一条)」ことで規制するという形になったのですが、肝心のその基準が決められていないのです!**

ほかの汚染物質については、環境省令によって規制基準がたとえば、「カドミウム 一リットル当たり〇・〇一ミリグラム以下」とか、「アルキル水銀化合物 検出されないこと」などというように明確に決まっている。しかし放射性物質についてはそうした基準が決められていない。だから、

「もし次の大事故が起きて、政府が一〇〇ミリシーベルトのところに人を住まわせる政策をとったとしても、国民は法的にそれを止める手段がない。日本はいま、そのような法制度のもとにあるのです」

と、札幌弁護士会所属の山本行雄弁護士がブログで書いています。(二〇一三年八月

二四日)

そうした事実が指摘されても、政府はなにもしない。なにもしないことが、法的に許されている。

だからこうした問題について、いくら市民や弁護士が訴訟をしても、現在の法的構造のなかでは絶対に勝てません。すでにのべたとおり、環境基本法の改正と同時(二〇一二年六月二七日)に原子力基本法が改正され、原子力に関する安全性の確保については、「**わが国の安全保障に資する〔=役立つ〕ことを目的として**、行うものとする」(第二条二項)という条項が入っているからです。

ここまで何度もお話ししてきたように、砂川裁判最高裁判決によって、安全保障に関する問題には法的なコントロールがおよばないことが確定しています。つまり簡単にいうと、大気や水の放射能汚染の問題は、震災前は「汚染防止法の適用除外」によって免罪され、震災後は「統治行為論」によって免罪されることになったわけです。

このように現在の日本では、官僚たちがみずからのサジ加減ひとつで、国民への人権侵害を自由に合法化できる法的構造が存在しているのです。

「なにが必要かは政府が決める。そう法律に書いてあるでしょう!」

「神は細部に宿る」と言いますが、物事の本質は、それほど大きくない出来事のなかに象徴的にあらわれることがあります。今回私が福島での人権侵害に関して象徴的だと思ったのは、原発事故「子ども被災者支援法」をめぐる官僚の発言です。

この法律は二〇一二年六月、きわめて異例な超党派の議員立法によって、衆参両院での全会一致で可決されました。子どもを被曝から守るために自主的に避難した福島県の住民や、それまで国による支援がほとんどなかった福島県外の汚染地域の住民なども対象とする支援法だったため、成立当初はこれでかなり事態が好転するのではと、大きな期待を集めていたのです。

ところが日本政府は信じられないことに、それから一年以上にわたってこの法律を「店《たな》ざらし」にし、なにひとつ具体的な行動をとりませんでした。

そうしたなか、二〇一三年三月一九日にこの法案を支援する国会議員たち(子ども・被災者支援議員連盟)の会合がもたれました。その席上、法案の策定者のひとりである谷岡郁子《くにこ》議員(当時)が、立法の趣旨にもとづき、基本方針案を作成する前に

被災者に対する意見聴取会を開催すべきだと主張しました。すると、それを聞いた復興庁の水野靖久参事官が、

「そもそも法律をちゃんと読んでください。政府は必要な措置を講じる。なにが必要かは政府が決める。そう法律に書いてあるでしょう!」

と強い口調で言いはなったのです。

これほどいまの日本の官僚や政府の実態をあらわした言葉はありません。近代社会の基本的仕組みをまったく理解していない。国民はもちろん、その代表として法案を作成した国会議員さえ、すべて自分たちの判断にしたがうべきだと考えているのです。これこそ「統治行為論」の本質です。これでは国民の人権など、守られるはずもありません。

日米原子力協定の「仕組み」

その後調べると日米原子力協定という日米間の協定があって、これが日米地位協定とそっくりな法的構造をもっていることがわかりました。つまり「廃炉」とか「脱原発」とか「卒原発」とか、日本の政治家がいくら言ったって、米軍基地の問題と同じ

で、日本側だけではなにも決められないようになっているのです。**条文をくわしく分析した専門家に言わせると、アメリカ側の了承なしに日本側だけで決めていいのは電気料金だけだそうです。**

　そっくりな法的構造というのは、たとえばこういうことです。日米地位協定には、日本政府が要請すれば、日米両政府は米軍の基地の使用について再検討し、そのうえで基地の返還に「合意することができる（may agree）」と書いてあります。

　一見よさそうな内容に見えますが、法律用語で「できる（may）」というのは、やらなくていいという意味です。ですからこの条文の意味は「どれだけ重大な問題があっても、アメリカ政府の許可なしには、基地は絶対に日本に返還されない」ということなのです。

　一方、日米原子力協定では、多くの条文に関し、「日米両政府は○○しなければならない（the parties shall…）」と書かれています。「しなければならない（shall）」はもちろん法律用語で義務を意味します。次の条文の太字部分を見てください。

「第一二条四項
どちらか一方の国がこの協定のもとでの協力を停止したり、協定を終了させた

り、〔核物質などの〕返還を要求するための行動をとる前に、**日米両政府は、是正措置をとるために協議しなければならない**（shall consult）。そして要請された場合には他の適当な取り決めを結ぶことの必要性を考慮しつつ、**その行動の経済的影響を慎重に検討しなければならない**（shall carefully consider）」

つまり「アメリカの了承がないと、日本の意向だけでは絶対にやめられない」ような取り決めになっているのです。さらに今回、条文を読みなおして気づいたのですが、日米原子力協定には、日米地位協定にもない、次のようなとんでもない条文があるのです。

「第一六条三項
いかなる理由による**この協定**またはそのもとでの協力の停止または**終了の後においても、第一条、第二条四項、第三条から第九条まで、第一一条、第一二条および第一四条の規定は、適用可能なかぎり引きつづき効力を有する**」

もう笑うしかありません。「第一条、第二条四項、第三条から第九条まで、第一一

条、第一二条および第一四条の規定」って……ほとんど全部じゃないか！ それら重要な取り決めのほぼすべてが、協定の終了後も「引きつづき効力を有する」ことになっている。こんな国家間の協定が、地球上でほかに存在するでしょうか。もちろんこうした正規の条文以外にも、日米地位協定についての長年の研究でわかっているような密約も数多く結ばれているはずです。

問題は、こうした協定上の力関係を日本側からひっくり返す武器がなにもないということなのです。これまで説明してきたような法的構造のなかで、憲法の機能が停止している状態では。

だから日本の政治家が「廃炉」とか「脱原発」とかの公約をかかげて、もし万一、選挙に勝って首相になったとしても、彼にはなにも決められない。無理に変えようとすると鳩山さんと同じ、必ず失脚する。法的構造がそうなっているのです。

なぜ「原発稼働ゼロ政策」はつぶされたのか

事実、野田内閣は二〇一二年九月、「二〇三〇年代に原発稼働ゼロ」をめざすエネルギー戦略をまとめ、閣議決定をしようとしました。このとき日本のマスコミでは、

ている。ただ単に期限を先延ばしにしただけではないか、「二〇三〇年代とは九年も延び

「どうして即時ゼロではないのか」とか、

「当初は二〇三〇年までに稼働ゼロと言っていたのに、二〇三〇年代とは九年も延びているじゃないか。姑息なごまかしだ」

などという批判が巻き起こりましたが、やはりあまり意味のない議論でした。外務省の藤崎一郎駐米大使が、アメリカのエネルギー省のポネマン副長官と九月五日に、国家安全保障会議のフロマン補佐官と翌六日に面会し、政府の方針を説明したところ、「強い懸念」を表明され、その結果、閣議決定を見送らざるをえなくなってしまったのです（同月一九日）。

これは鳩山内閣における辺野古への米軍基地「移設」問題とまったく同じ構造です。このとき、もし野田首相が、鳩山首相が辺野古の問題でがんばったように、「いや、政治生命をかけて二〇三〇年代の稼働ゼロを閣議決定します」

と主張したら、すぐに「アメリカの意向をバックにした日本の官僚たち」によって、政権の座から引きずりおろされたことでしょう。

いくら日本の国民や、国民の選んだ首相が「原発を止める」という決断をしても、外務官僚とアメリカ政府高官が話をして、「無理です」という結論が出れば撤回せざるをえない。たった二日間（二〇一二年九月五日、六日）の「儀式*」によって、アッと

いうまに首相の決断がくつがえされてしまう。日米原子力協定という「日本国憲法の上位法」にもとづき、日本政府の行動を許可する権限をもっているのは、アメリカ政府と外務省だからです。

本章のはじめのほうで、原発を「動かそうとする」主犯探しはしないと書きましたが、「止められない」ほうの主犯は、あきらかにこの法的構造にあります。

＊―これが儀式だったという理由は、もともとアメリカ政府のエネルギー省というのは、前身である原子力委員会から原子力規制委員会を切り離して生まれた、核兵器および原発の推進派の牙城だからです。こんなところに「原発ゼロ政策」をもっていくのは、アメリカの軍部に「米軍基地ゼロ政策」をもっていくのと同じで、「強い懸念」を表明されるに決まっています。最初から拒否される筋書きができていたと考えるほうが自然です。

事実、藤崎大使の面会からちょうど一週間後の九月一二日、野田首相の代理として訪米した大串博志・内閣府大臣政務官（衆議院議員）たちが同じくポネマン副長官と面会しましたが、「二〇三〇年代の原発稼働ゼロ」政策への理解は、やはりまったく得られず、逆に非常に危険な「プルサーマル発電の再開」を国民の知らない「密約」として結ばされる結果となりました。（「毎日新聞」二〇一三年六月二五日）

プルサーマルとは、ウランにプルトニウムをまぜた「ＭＯＸ燃料」を使う非常に危険な発電方式です。二〇一二年九月に結ばれたこの「対米密約」にしたがって、泊《とまり》（北海道電力）、川内《せんだい》、玄海（九州電力）、伊方（四国電力）、高浜（関西電力）などで、危険なプルサーマル型の原発が次々に再稼働されていくおそれが高まっています。

「原発がどんなものか知ってほしい」

日本の原子力政策がこうした非常に危険な体質をもっていることは、なにも福島の事故で初めてわかったわけではありません。早くからその危険性を内部告発していたひとつの手記を、ここでご紹介しておきたいと思います。

それは平井憲夫さんという、約二〇年にわたって福島、浜岡、東海などで一四基の原発建設を手がけた現場監督の方がのこした、「原発がどんなものか知ってほしい」というタイトルの手記です。このきわめて貴重な現場からの証言をのこしたあと、平井さんは長年の被曝によるガンのため、一九九七年に死去されました。まだ五八歳という若さでした。ネット上にその手記の全文が公開されていますので（http://www.iam-k.com/HIRAI/）、ぜひご覧いただきたいと思います。

この手記のなかで平井さんは、次のようないくつもの驚くべき事実を語っています（要旨）。

「電力会社は、原発で働く作業員に対し、『原発は絶対に安全だ』という洗脳教育をおこなっている。私もそれを二〇年間やってきた。オウムの麻原以上のマインド・コントロールをした。〔作業員に放射能の危険について教えず〕何人殺したかわからないと思っている」

「現実に原発の大事故は日本全国でたびたび起こっている。ただ政府や電力会社がそれを『事故《アクシデント》』とは呼ばず、『事象《インシデント》』と呼んでごまかしているだけだ」

「なかでも一九八九年に福島第二原発（東京電力）で再循環ポンプがバラバラになった事故と、一九九一年二月に美浜原発（関西電力）で細管が破断した事故は、世界的な大事故だった」

「美浜の事故は、多重防護の安全システムが次々ときかなくなり、あと〇・七秒で炉が空焚きになってチェルノブイリ級の大事故になるところだった。だが土曜日だったのに、たまたまベテランの職員が出社していて、彼がとっさの判断でＥＣＣＳ（緊急炉心冷却装置）を手動で動かして止めた。一億数千万人を乗せたバスが高速道路を一〇〇キロで走っていて、ブレーキがきかない、サイドブレーキもきかない、崖にぶつけてやっと止めたというような状況だった」

「すでに熟練の職人は原発の建設現場からいなくなっており、作業員の九五パーセントは経験のない素人だ。だから老朽化した原発も危ないが、新しい原発も同じくらい危ない」

北海道の少女の涙の訴え

しかし、こうした驚愕の事実を次々にあきらかにした平井さんは、最後に、

「どこへ行っても、必ず次のお話はしています。あとの話は全部忘れてくださってもけっこうですが、この話だけはぜひ覚えておいてください」

と言って、北海道で出会ったひとりの少女の話を語り始めるのです。それは彼が北海道の泊原発の隣町で、現地の教職員組合主催の講演会をしていたときのことでした(要旨)。

「その講演会は夜の集まりでしたが、父母と教職員が半々くらいで、およそ三〇〇人くらいの人が来ていました。そのなかには中学生や高校生もいました。原発はいまの大人の問題ではない、私たち子どもの世代の問題だと言って聞きに来ていたのです。

話がひととおり終わったので、私がなにか質問はありませんかというと、中学二年の女の子が泣きながら手をあげて、こういうことを言いました。

『今夜この会場に集まっている大人たちは、大ウソつきのええかっこしばっかりだ。私はその顔を見に来たんだ。どんな顔をして来ているのかと。いまの大人たち、とくにここにいる大人たちは、農薬問題、ゴルフ場問題、原発問題、なにかと言えば子どもたちのためにと言って、運動するふりばかりしている。私は泊原発のすぐ近くの共和《きょうわ》町に住んで、二四時間被曝しつづけている。原子力発電所のあるイギリスのセラフィールドでは、白血病の子どもが生まれる確率が高いということは、本を読んで知っている。私も女の子です。年ごろになったら結婚もするでしょう。私、子ども産んでも大丈夫なんですか?』

と、泣きながら三〇〇人の大人たちに聞いているのです。でも、だれも答えてあげられない。

『原発がそんなに大変なものなら、いまごろでなくて、なぜ最初につくるときに一生懸命反対してくれなかったのか。まして、ここに来ている大人たちは、二号機もつくらせたじゃないか。だから私はいままでの倍、放射能を浴びている』と。ちょうど、泊原発の二号機が試運転に入ったときだったのです。

『なんで、いまになってこういう集会をしているのか、意味がわからない。もし私が大人で自分の子どもがいたら、命がけで体を張ってでも原発を止めている』と言う。

私が『そういう悩みをお母さんや先生に話したことがあるの』と聞きましたら、『この会場には先生やお母さんも来ている。でも、話したことはない』と言います。『女の子どうしではいつもその話をしている。結婚もできない、子どもも産めない』って。

これは決して、原発から八キロとか一〇キロの場所の話ではない、五〇キロ圏、一〇〇キロ圏でそういうことがいっぱい起きているのです」

悪の凡庸さについて

私が最初にこの本を書いたとき（二〇一四年）、東京では、『ハンナ・アーレント』（マルガレーテ・フォン・トロッタ監督／二〇一二年）というドイツ映画が予想外のヒットをつづけていました。この映画の主人公は、エルサレムで一九六一年に始まった、ナチスの戦争犯罪者アドルフ・アイヒマンの裁判を傍聴し、問題作「エルサレムのアイヒマン――悪の凡庸さについての報告」（雑誌「ニューヨーカー」連載）にまとめた有名な女性哲学者です。

大きな議論を呼んだそのレポートの結論、つまりナチスによるユダヤ人大量虐殺を指揮したアイヒマンとは、「平凡で小心な、ごく普通の小役人」にすぎなかった、しかしそのアイヒマンの「完全な無思想性」と、ナチス体制に存在した「民衆を屈服させるメカニズム」が、この空前の犯罪を生んでしまったのだ、という告発に、多くの日本人は、現在の自分たちの状況に通じる気味の悪さを感じていたのだと思います。

アーレントが問いかけたきわめて素朴で本質的な疑問、つまり大量虐殺の犠牲者となったユダヤ人たちは、

「なぜ時間どおりに指示された場所に集まり、おとなしく収容所へ向かう汽車にのったのか」

「なぜ抗議の声をあげず、処刑の場所へ行って自分の墓穴《はかあな》を掘り、裸になって服をきれいにたたんで積み上げ、射殺されるために整然と並んで横たわったのか」

「なぜ自分たちが一万五〇〇〇人いて、監視兵が数百人しかいなかったとき、死にものぐるいで彼らに襲いかからなかったのか」

それらはいずれも、まさに現在の日本人自身が問われている問題だといえます。

「なぜ自分たちは、人類史上最悪の原発事故の原因をつくった政党（自民党）の責任を問わず、翌年（二〇一二年）の選挙で大勝させてしまったのか」

「なぜ自分たちは、子どもたちの健康被害に眼をつぶり、被曝した土地に被害者を帰還させ、いままた原発の再稼働を容認しているのか」

「なぜ自分たちは、そのような『民衆を屈服させるメカニズム』について真正面から議論せず、韓国や中国といった近隣諸国ばかりをヒステリックに攻撃しているのか」

そのことについて、歴史をさかのぼり本質的な議論をしなければならない時期にきているのです。

第１回会見時の昭和天皇とマッカーサー｜1945年９月27日
｜©共同通信社

PART 3
安保村の謎①
昭和天皇と日本国憲法

ここまで読んできて、「そこまでひどいとは思わなかった」と、お感じになったみなさんも多いのではないでしょうか。

なにしろ、軍事的にはいまでも占領期と同じ。CIAの工作員は何人でもフリーパスで入国することができる。独立後初めての最高裁長官は、アメリカの大使と相談しながら、日本人の人権を永久に侵害するような判決を書いていた。アメリカ政府と結んだ原子力協定は、たとえ日本政府が破棄しても、その効力は変わらずつづくようになっている……。

これらがすべて、アメリカ側の公文書によって証明されている。それなのに日本では、だれも問題にしない。

とくに最高裁への介入は、PART1でものべたとおり、普通の国なら真相が解明されるまで、内閣がいくつつぶれてもおかしくないような話でしょう。ところが日本では、これまでごく少部数の本に書かれている以外、ほとんど報じられることがないのです。

いったいなぜ、そんなことが起こってしまうのか。

もちろんそこには非常に根深い、構造的な原因があります。

このあと、PART3と4の全体でその構造的な原因についてお話しするつもりですが、その前にひとつだけ、本質的ではない、技術的《テクニカル》な問題について説明させてください。

つまり、そうした「あきらかにおかしな事実」が次々と暴露されているにもかかわらず、なぜ私たち市民の「おかしいじゃないか！」という声が、いつのまにか、かき消されてしまうのか。本来なら有権者の抗議によって政府が正常化へ向かわなければならないはずなのに、なぜそのはるか手前の段階で、私たちがごまかされ、納得させられてしまうのかという問題です。

「朝三暮四」という政治テクニック

私も日米安保の問題を調べて初めてわかったのですが、そこにはさまざまなテクニックやトリックが存在します。その多くはきわめて単純なものなのですが、それだけに非常に効果があるのです。

たとえば中国から伝わった故事に、「朝三暮四《ちょうさんぼし》」という言葉があるでしょう。ある老人が飼っているサルのエサを減らそうとして、ドングリを朝三つ、夕方四つあたえることにした。ところがサルが「それじゃ少ない！」と怒りだしたので、今度はドングリを朝四つ、夕方三つあたえることにした。するとサルはたいそう喜んで、それを承知したという話です。

思い出してみると、なんか変な話だなあと、ずっと感じていたような気がします。数をかぞえられるサルなら、そんなことでだまされるはずないじゃないか？　夕方、三つだとわかったときに、もっと怒りだすんじゃないのか？　笑い話でもないし、教訓にもならない。この、ひたすらサルをバカにし、おとしめた話を、いったいどう読めばいいんだろう？

しかし日米安保に関する次のような例を見ると、自分がこれまで、そうしたサルとまったく同じ行動をとっていたことがわかります。さらに言えばこの中国の故事が、実は老人とサルをめぐるどこかとぼけた民話などではなく、権力者が民衆を統治するうえでの最高のテクニックについて語った、きわめて恐ろしい話であることも、よくわかってくるのです。

二重の規制ライン

ふたつ例をあげます。

まずＰＡＲＴ１でふれた沖縄国際大学への米軍ヘリ墜落事故です。すでにのべたとおり、このとき米軍は基地のフェンスを乗り越えて大学構内になだれこみ、墜落現場を広範囲に封鎖しました。日本側の警察も消防も政治家も官僚も、米軍の許可がなければ大学内に入ることができず、日本が実質的な植民地状態にあることが、だれの眼にもあきらかになりました。

当然、周囲の住民たちは激怒します。さらにここで注目すべきは、普段はアメリカにものを言わない外務省の幹部でさえ、現場への立ち入りを米軍から拒否され、「おかしいじゃないか」と激怒していた事実です。

そうした住民から政府高官までが一体となった強い怒りに押されて、日本政府は新しい取り決めを米軍と結ぶことになりました。今後、米軍機が墜落したときの現場の規制方法について、根本的に見直すことにしたのです。

ここまでは、私たちにも「政府もようやく、そうした問題にきちんと対処する気になったのか」と思える話です。きわめて当然の処置といえます。

ところがここで最大の問題は、そうした新しい取り決めについて協議する立場にあるのが、ＰＡＲＴ１でご紹介した日米合同委員会だということです。その結果、事故から八ヵ月後にまとめられた新しい取り決め（「米軍基地外での米軍機事故に関するガイドライン」）は、次のような内容になっていたのです。

つまり、今後、米軍機の墜落事故が起きたときは、

①事故現場の周囲に、内側と外側、ふたつの規制ラインを設ける。
②外側の規制ラインは日本側が管理する。
③内側の規制ラインに「立ち入りポイント」を定め、人の出入りを日米共同で管理する。
④事故機の残骸と部品は、アメリカ側が管理する。

と決められていたのです。

「③内側の規制ライン内への出入りは、日米共同で管理する」ということですから、一見、日本側の抗議が通ったように見えます。しかし、ポイントは「④事故機の残骸と部品は、アメリカ側が管理する」というところにあります。広範囲に飛び散った事故機の残骸と部品を管理するための規制ラインは、アメリカ側が勝手に設定できることになっているのです。

つまり、左ページの図のとおりだということです。考えてみると、事故現場を封鎖

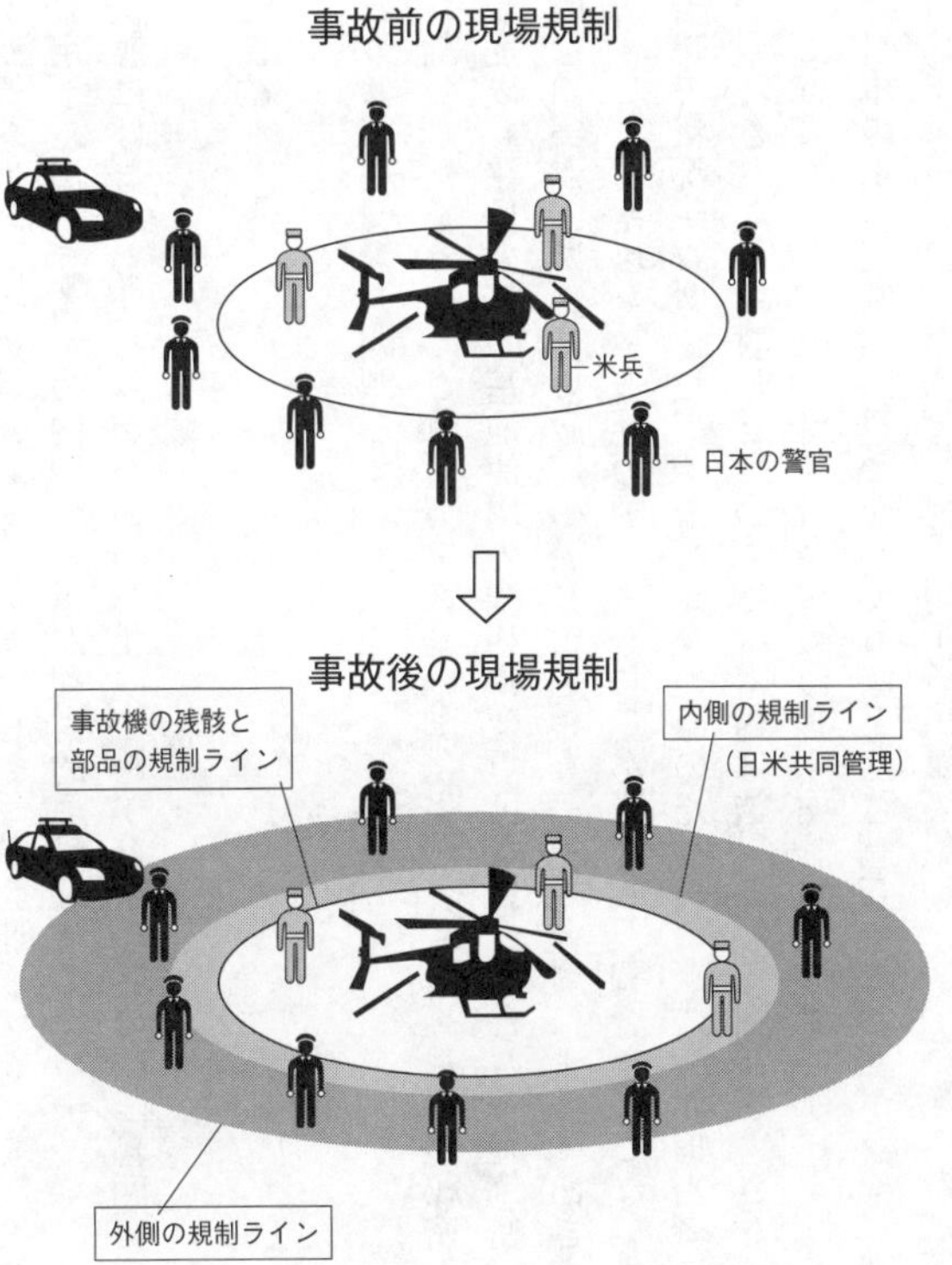
事故前の現場規制
米兵
日本の警官
事故後の現場規制
事故機の残骸と
部品の規制ライン
内側の規制ライン
（日米共同管理）
外側の規制ライン

するラインが概念上、一本の線から三本の線にはさまれた帯状の線になっただけで、「米軍が設定した規制ラインの内側は米軍が独占的に管理する」という状態にはなにも変わりがないのです。これがひとつ目の朝三暮四です。

二種類の密約

もうひとつは密約文書の問題です。

すでにお話ししたように、これまでアメリカ国務省による最高裁への秘密工作や、安保条約改定後も在日米軍の基地使用の権利に変更はないとした「基地権密約」のような衝撃的な事実が、アメリカ政府の公文書という第一級資料によってあきらかになっています。こうした場合、普通の国ならもちろん徹底した調査をおこないます。その密約が当時の状況から考えて、やむをえないものだったのか。交渉担当者はほかの選択肢についてきちんと検討したのか。その密約は結果として国益を害さなかったのか。そうした点について、第三者委員会がくわしく検証するはずです。

ところが日本の場合、密約が見つかってもほとんど調査することがなく、調査したときも「有識者委員会」とよばれる御用学者主導の集団が、「合意文書は存在したが、現実の状況には影響をあたえなかった」などという非論理的な結論を、まともな証明もなしに出してそれで終わりなのです。

どうしてそんなことになってしまうのか。

一番わかりやすい例を見てみましょう。PART1でふれたように、二〇〇九年九月に誕生した民主党・鳩山政権は、過去半世紀つづいた極端な対米従属路線に根本的な見直しを迫ることをかかげて誕生した政権でした。その公約のひとつが、戦後結ばれた日米安保に関する密約について調査し、関連する日本側の公文書も公開するというものだったのです。

調査対象となった密約には、たとえば国民にはその事実をまったく知らせないまま、核兵器を搭載した米軍の船や飛行機の日本への立ち寄りについては無制限に認めることを合意した、一九六〇年の「核密約（事前協議密約）」などがありました。

ところが、調査の開始から半年後の二〇一〇年三月九日、外務省の委嘱をうけた「有識者委員会」は、厳密な意味での密約はなかったとする報告書（「いわゆる『密約』問題に関する有識者委員会報告書」）をまとめ、調査は幕引きとなりました。アメリカ側が公文書を開示し、そうした密約があったことはわかっているのに、なぜそんな結果になってしまうのか。

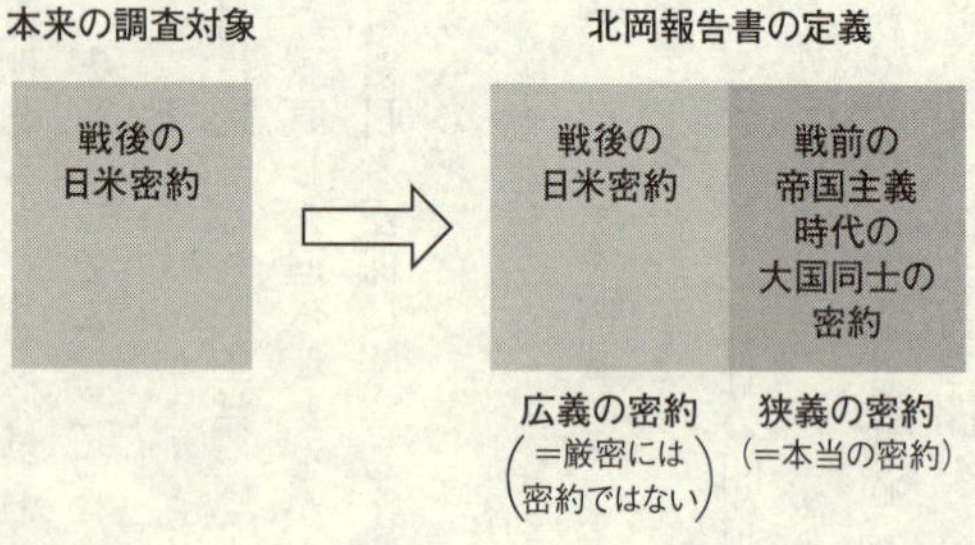

くわしくは『検証・法治国家崩壊』のなかで新原昭治さんが書いておられますが、その理由は「有識者」委員会の座長である北岡伸一・東京大学教授（当時）が展開した奇妙な論理にありました。

一〇八ページにのぼる報告書の序論で、北岡氏は突然、密約には「狭義の密約」と「広義の密約」が存在すると定義します。そして「狭義の密約」の典型を、第二次大戦終結以前の帝国主義時代において大国同士が結んだ密約、たとえば一九〇七年の日露協商（後段では、一九三九年八月の独ソ不可侵条約に付属した秘密議定書や、一九四五年二月のヤルタ会談における米英ソの秘密協定）によって代表させ、「厳密な意味では、密約とはそういうものを指して言うべきであろう」と報告書の冒頭でいきなり結論をのべているのです。逆に言えば「そういうもの」以外は「広義の密約」であり、厳密な意味での密約ではないと、ただ根拠なく決めつけているのです。

もちろんこんな定義は、世界じゅうでどこにも存在しない北岡氏だけの定義です。新原さんは、そうした北岡氏の珍妙な定義は、第二次世界大戦後、アメリカが世界的な核戦略にもとづき各国に強要した対米密約を、「はじめから徹底究明するつもりがないことを事実上宣言したに等しいものでした」とのべていますが、まさにそのとおりです。検証を求められているのは、戦後の日本外交における対米密約なのに、なぜか問題の枠を戦前にまで拡大したあげく、勝手な線を引いて「戦後の日本の対米密約は、厳密な意味での密約ではなかった」と、調査の前に結論づけているのです。

これがふたつ目の朝三暮四です。

「条約は一片の紙切れにすぎない」という虚偽

北岡氏はまた、同じ報告書のなかで、条約とは「生き物」であり、それ自体は「一片の紙切れにすぎない」。そのことを理解しない条約論議（つまり、条約や密約の内容がすなわち現実そのものであったかのような歴史解釈）は「机上の空論」であるとのべています。

東大教授で「日本の国際政治学の最高権威」とされる人から真面目な顔でこう言われると、おそらく説得されてしまう人が多いでしょう。せっかく調査をおこなった民主党政権の幹部たちも、そうだったのではないかと思います。この「条約は一片の紙切れ論」こそ、重要な密約文書が発見されたときに、政府が「合意文書はあったが、現実には影響はおよぼさなかった」などと非論理的な釈明をして、そのままやりすごすことができる「理論的根拠」となっているのです。

しかし、よく考えてみるとこの「条約は一片の紙切れ論」には、先にふれた「狭義と広義の密約論」と同じく、完全な虚偽《きょぎ》があります。

たしかに条約や密約を現実の状況のなかでどの程度厳密に運用するかは、そのときどきの当事国の国益と力関係によって決まるでしょう。けれども戦後の日米関係という圧倒的な従属関係において、その条約や密約が「有効（拘束力をもつ）」か「無効（一片の紙切れ）」かを決める権利は、もちろんアメリカ側がもっています。日本側はあくまで大枠は受け入れたうえで、そのなかで一定の譲歩を勝ちとることしかできないのです。

過去の条約や密約に書かれている内容が、現実の世界でそのとおり起こっていれば、それらの取り決めが現実に拘束力をもっているに決まっています。たとえ密約で

あっても、国と国との取り決めは正式に破棄しないかぎり効力をもちつづける。それが国際法の「イロハのイ」なのですから。

もし北岡氏が主張するように、たとえ条文に書かれていようがいまいが、「ホスト国〔=米軍の駐留を受け入れている国〕の日本が嫌がることを、アメリカが無理やりおこなうことができるだろうか。できるとしても、それは相当に大きなしこりをのこすだろう。実体は拒否権〔をもっている状態〕とそうちがわないのである」

と言うのなら、なぜ日本政府は、

「首都圏上空全域の米軍管理空域だけは、さすがにもうやめてもらえませんか」

と言えないのか。

「四一の市町村議会すべてが反対決議をした、沖縄へのオスプレイの配備だけは、さすがにもうやめてもらえませんか。アメリカ本国では、住宅の上を飛ぶのは論外として、野生のコウモリに悪い影響があるといった理由でさえ、訓練が中止になっているのですから」

と、なぜ言えないのか。

日米が対等な国家であることを前提にした「条約は一片の紙切れ論」は、まったくの虚偽としか言いようがありません。**「日本の国際政治学の最高権威」である北岡氏**

のこうした数々の珍妙な「理論」は、つまりは違法な密約を永久に破棄させないための防波堤として機能しているのです。

社会科学が苦手な日本人

技術的《テクニカル》な問題についてはこれくらいにして、ここからは本質的な原因についてお話ししていきたいと思います。

なぜ私たち日本人は、ここまでのべてきたような「あきらかにおかしな状況」を自分たちの手で正すことができないのか。その原因はどこにあるのか。

考えるためのヒントは、いろんなところに転がっています。

たとえば、つい先日のことですが、私の事務所でアルバイトをしてくれている上智大学の女子学生さんが、こんな興味深い話を教えてくれました。

彼女は大学二年生なのですが、数年前、高校に通っていたときに授業で、

「日本の憲法は、日本人がつくったと言われるけれど、本当はＧＨＱ（占領軍）がつくった」

と教わっていた。ところが最近、三歳下の別の高校に通う弟がやはり授業で、

「日本の憲法は、GHQがつくったと言われるけれど、本当は日本人がつくった」と教わってきた。そのため食事の時間に言い争いになったというのです。ふたりとも学校で教わったことですから一歩も引かず、かなり険悪な空気になったといいます。

この問題について、みなさんはどう思われるでしょうか。まず最低限言えるのは、どちらの立場をとるにせよ、**憲法についてこれほど正反対のことを学校で教えている時点で、とてもまともな国とはいえないということです。憲法というのは、いうまでもなく国家の根幹なのですから。この真逆の議論だけは、さすがにもう終わらせる必要があります。**

私がいうまでもなく、日本人にはすばらしい点がいくつもあります。とくに文化的にはまちがいなく、世界でもトップクラスにある。私は長年、フランスのカラー版百科全書の日本語版(「〈知の再発見〉双書」創元社/既刊一六六巻)をつくる仕事をしてきましたので、日本の文化がヨーロッパのトップレベルと比べても、まったく遜色ないことをよく知っています。

食文化のすばらしさは、いまさらいうまでもありませんし、奈良・平安・鎌倉時代の彫刻や、室町時代の庭園、江戸時代の絵画、現代のアニメなど、美術の世界ではとくにきわだった才能を発揮しています。また、ものづくりや自然科学の分野でも、まちがいなく世界のトップレベルにある。

ところがなぜか、政治や法律、社会思想といったいわゆる「社会科学」の分野だけは、日本人は非常に不得手なようなのです。* だから現在のようなめちゃくちゃな状況を、みんなうすうす知っていながら、なにもせずに半世紀以上放置してきてしまった。

*──これは有名な映画監督のオリバー・ストーン氏がつねづね語っていることでもあります。「日本は偉大な文化をもつ国だ。映画や音楽、食べもの、すべて素晴らしい。しかし第二次大戦後の七〇年を見て、みずから本当になにかをなしとげようとした日本の政治家や首相を私はただの一人も知らない。〔同じ敗戦国のドイツには存在したような〕平和でより高潔な世界をつくるために戦った政治家を一人も知らない」（原水爆禁止世界大会／広島／二〇一三年八月六日）。

世界が驚いた二〇一二年の自民党憲法改正草案

そうした日本人の欠点がもっとも悪い形であらわれたのが、二〇一二年四月に自民党が発表した憲法改正草案でした。この草案を見て、国連の人権理事会をはじめ、世界中の有識者たちが腰を抜かすほど驚いたのです。

「これは何世紀前の憲法なのですか」と。

近代憲法というのは、権力者が国民に向かって「このように暮らせ」と命令するためのものではなく、あくまでも主権者である国民が、権力者が自分たちの人権を侵害しないよう、しばりをかけるために存在する。これを「立憲主義」といいます。日本という先進国の指導者たちが、そうした「近代憲法」という言葉の意味を、まったく理解していないことがあきらかになったのです。

かつてダグラス・マッカーサーが日本人のことを、

「近代文明の尺度で測れば、一二歳の少年くらいでしょう」

と言ったことは有名ですが、この自民党が発表した憲法改正草案を見れば現在の水準は、

「近代文明の尺度で測れば、三歳の幼児くらいでしょう」

と言われてもしかたがありません。

もともと苦手だった社会科学について、この七〇年間でさらに退化してしまった。この点が日本の戦後史の一番の謎かもしれません。

安保村とはなにか

PART2では、沖縄の米軍基地問題で積み重ねられた研究をもとに、福島の原発被害の問題を見てきました。戦後七〇年にわたって沖縄で蓄積された米軍や日米安保についての研究が、まだ災害が起こって数年しかたっていない福島の問題の解明に役だつと思ったからです。

しかし逆に、福島の原発事故があきらかにしてくれた非常に大きなヒントもあります。

それは、「原子力村《むら》と安保村《むら》」というアナロジーです。

三・一一福島原発事故が起きたあと、「原子力村」という言葉をよく耳にするようになりました。ひとことで言うと、電力会社や原発メーカー、官僚、東大教授、マスコミなどが一体となってつくる「原発推進派」の利益共同体のことです。
福島原発事故が起きてからしばらくのあいだ、私たち日本人はまさに大きな混乱のなかにいました。それまで無条件で信頼してきた東大教授や高級官僚、大手メディアの解説委員など、日本のトップエリートたちが、まさかこれほど重大な問題に関して、一〇〇パーセントのウソ（「原発は絶対に安全です」「格納容器が爆発するなどということは、絶対にありません」）をついているなどとは、思ってもみなかったからです。

けれども状況があきらかになると、事実はとても簡単なものでした。推進派の有名な東大教授も、原子力安全委員会の委員長も、経歴を見れば東京電力や原発メーカーの元社員でした。つまり彼らは「原発推進派」の巨大な利益共同体に属しており、そこから社会的ポジションや経済的利益を得ていた。そしてその共同体は、豊富な資金にものをいわせて、推進派に都合のいい情報だけを広め、反対派の意見は弾圧する言論カルテルとして機能していたのです。

こうした原子力村の構造があきらかになったことは、戦後日本の謎を解くための大きなカギとなりました。というのはこの原子力村は、「日米安保村」というそれよりはるかに大きな村の一部であり、相似形をしている。ですからこの原子力村の構造がわかれば、日米安保村の構造も、おおよその見当がつくわけです。

ではその「日米安保村」、略して「安保村」とはなにか。

簡単に言うとそれは、「日米安保推進派」の利益共同体のことです。その基本構造は原子力村とまったく同じで、財界や官僚、学界や大手マスコミが一体となって、安保推進派にとって都合のいい情報だけを広め、反対派の意見は弾圧する言論カルテルとして機能しています。

ちがうのはその規模です。

原子力村の経済規模が年間二兆円とすれば、安保村の経済規模はなんと年間五百数十兆円、つまり日本のGDPのほぼすべてといっていい。なぜなら占領が終わって新たに独立を回復したとき、日本は日米安保体制を中心に国をつくった。安保村とは、戦後の日本社会そのものだからです。

「天皇＋米軍」が戦後日本の国家権力構造となった

あとでお話しするように、そうした日米安保中心の国づくり、もっとはっきり言えば、軍事・外交面での徹底した対米従属路線をつくったのが、実は昭和天皇とその側近グループでした。それがアメリカ側の公開資料でわかっている。ＰＡＲＴ１や２でふれた「沖縄の軍事基地化」と「日本全土での基地の提供」、これは実はふたつとも、昭和天皇を中心とする日本の支配層（ジョン・フォスター・ダレスの言う「日本の支配層の人びと《トップ・サイド》」）が、みずからアメリカ側に提案したものなのです。しかも政府を通さない裏ルートで提案した。（PART5参照）

もちろん、だからといって昭和天皇が売国奴だったとかそういう話ではありません。歴史というのはそんなに単純なものではない。冷戦構造のなかでそうやってアメリカに全面協力したかわりに、日本は高度経済成長という非常に大きな果実を手にしたわけです。その背景にはマッカーサーによって、国家の戦力を放棄させられていたという厳然たる事実があります。

そうしたさまざまな歴史的経緯のなかで、日本人から圧倒的に支持されてきた天皇制と、第二次大戦後、世界の覇者となったアメリカ、なかでも人類史上最大の攻撃力をもつようになった米軍が強く結びつく形で、「戦後日本」の国家権力構造がつくられることになりました。考えてみると、これほど強力な政治体制もなかったでしょう。だから経済的に大成功をおさめたし、現在のようにあらゆる面で矛盾がふきだしても、なかなかリセットできないということがあります。

「戦争責任なし」というフィクション

よく読者の方から、

「『〈戦後再発見〉双書』、なかなかおもしろいけど、なぜ日本の学校では戦後の歴史を教えないんでしょうね」

と聞かれることがありますが、一番大きいのはこの昭和天皇の問題です。軍事・外交面で徹底した対米従属路線を選択したということに加え、戦争責任の問題もあります。

昭和天皇が戦争責任を問われないということは、本来、絶対にありえないはずでした。責任の大小ということはあっても、まったく問われないということはありえない。「開戦の詔書《しょうしょ》」、つまり米英に対する宣戦布告書を自分の名前で出しているのですから、実質的な権限がなかったとか、自分は本当は戦争したくなかったなどということは通らない。

ボナー・フェラーズという、マッカーサーの副官で、昭和天皇の戦争責任を調査した准将も、その点は報告書のなかではっきりと指摘しています。彼は昭和天皇を戦争

裁判にかけることに強く反対し、天皇制の存続に決定的な役割をはたしたといわれる人物ですが、そのフェラーズでさえ、

「一九四一年一二月八日の『開戦の詔書』は、当時の主権国家の元首として、それを発する法的権利をもっていた天皇のまぬがれえない責任を示すものであった」(「マッカーサー最高司令官への覚書」一九四五年一〇月二日)

と、はっきり書いています。この時期、何度も改訂されている「日本国天皇ヒロヒトの身柄の処遇」というアメリカ政府の基本政策文書(SFE126/1-3)にも、一〇月八日付の結論として、

「ヒロヒトは、戦争犯罪人として逮捕・裁判・処罰をまぬがれない」

と書かれていました。国際法上、完全な違法行為(宣戦布告なしの先制攻撃)である真珠湾攻撃の決定に、もし昭和天皇がかかわっていなかったとしても、開戦そのものについての責任はまぬがれない。これが、第二次大戦が終わった時点での連合国側の常識だったのです。

というのもわずか二十数年前の第一次大戦終結時に、よく似た前例があったからです。ドイツの敗戦後、皇帝ヴィルヘルム二世が国際法上の根拠はあいまいなまま、戦争責任(開戦責任国ドイツの国家指導者としての刑事責任)を問われ、平和条約(ヴェル

サイユ条約）二二七条のなかに、同皇帝を国際法廷で裁くことが明記されたのです。*（清水正義「第一次世界大戦後の前ドイツ皇帝訴追問題」『白鷗法学』第二一号／二〇〇三年）

日本もこの条約に調印しています。それればかりか日本は主要戦勝国の一員として、英米仏伊とともにその裁判に裁判官を出すことが、同じ二二七条のなかで定められていたのです（ヴィルヘルム二世がオランダに亡命していたため、結局裁判は開かれませんでしたが）。

だから昭和天皇も、開戦についての責任からはどうやっても逃げられない。フェラーズはそのことを前提にしたうえで、

「〔日本本土への〕無血侵攻を果たすにさいして、われわれは天皇の尽力を要求した。天皇の命令により、〔全日本軍の〕七〇〇万の兵士が武器を放棄し、すみやかに動員解除されつつある。天皇の措置によって何万何十万もの米国人の死傷が避けられ、戦争は予定よりもはるかに早く終結した。したがって、天皇を大いに利用したにもかかわらず、戦争犯罪のかどにより彼を裁くならば、それは日本国民の目には背信に等しいものであろう。（略）もしも天皇が戦争犯罪のかどにより裁判に付されるならば、〔現在の日本の〕統治機構は崩壊し、全国的反乱が避けられない」（『資料　日

本占領1 天皇制』山極晃・中村政則編、岡田良之助訳／大月書店）

とのべて、天皇を「免責」することを強く主張していたのです。

昭和天皇にまったく戦争責任がなかったというのは、そうした前提のもとに、日米（GHQと日本の支配層）が合同でつくったフィクションなのです。ここを押さえておかないと、占領期前半に起きたさまざまな出来事の意味が、まったくわからなくなってしまいます。このあと一九四八年までの占領期前半に起こる「人間宣言」「日本国憲法の制定」「東京裁判（極東国際軍事裁判）」という重大事件の影の主役は、いずれもこの昭和天皇の戦争責任問題だったからです。

そもそも昭和天皇自身が、自分に戦争責任があることは一番よくわかっていて、敗戦後、何度も退位して責任をとろうとしています（『裕仁天皇五つの決断』秦郁彦／講談社）。昭和天皇の側近や皇族、外務省の幹部のなかにも、退位すべきだという人たちが数多くいました。

しかし結局、マッカーサーが退位させなかったわけです。それは昭和天皇を使って戦後日本をコントロールしようという有力なシナリオが早くから存在し、その路線が占領政策のなかで最終的に勝利をおさめたからでした。

たとえばエドウィン・O・ライシャワーという非常に日本人に愛された駐日大使が

います。私も彼は立派な人だったと思いますが、ああいう日本語ができる人は、だいたい戦争中は国務省に呼ばれて対日戦の戦略を立てているわけです。彼は開戦の翌年、一九四二年九月の段階ですでに、戦争に勝ったあとは日本に、

「ヒロヒトを中心とした傀儡政権《パペット・レジーム》」

をつくれば、アメリカの国益にかなうという提案を陸軍省に対しておこなっていました。

ほかにもそうした意見が多かった。一九四二年六月には、アメリカ陸軍省軍事情報部の心理戦争課というセクションが、日本を占領したあとは、

「天皇を平和の象徴《シンボル》として利用する」

という計画（「日本計画《ジャパン・プラン》」）を立てていました（『象徴天皇制の起源』加藤哲郎／平凡社）。とにかく日本人は天皇が絶対だから、それを利用すべきだと。だから退位させず、使おうとした。

*—ヴェルサイユ条約　第二二七条「同盟および連合諸国は元ドイツ皇帝ホーエンツォルレン家ヴィルヘルム二世を国際的道義と条約の尊厳に対する最高の罪を犯したかどで公に訴追する。／被告人を裁くために特別な法廷が設置され、その際には弁護の権利に不可欠な保障があたえられる。　法

廷は下記諸国それぞれから指名される五名の裁判官によって構成される。すなわち、アメリカ合衆国、イギリス、フランス、イタリア、および**日本**。（略）」

昭和天皇と優秀な影の内閣

私は一九六〇年の生まれなのですが、物心ついたときから昭和天皇のイメージは、いつも丁寧な物言いをする温厚なおじいちゃんというものでした。中学生くらいになると、昭和天皇は生物学者であり、子どもの眼から見てもいかにも浮世離れした、海洋生物や粘菌などの研究をしている人だということも知りました。

ところがそうしたイメージは、もちろん一面の真実ではあるものの、戦後かなり意図的につくられたものだったのです。昭和天皇の歴史的評価についてはさまざまですが、研究者がほぼ一致しているのは、実は昭和天皇は非常に頭脳明晰で意志も強い、国家戦略に長《た》けた人物だったということです。そしてその周辺には、きわめて優秀で忠誠心に富んだ側近グループが存在した。

その影の内閣《シャドー・キャビネット》の能力が、占領期にGHQとのかかわりのなかで、天皇制を存続させ、新しい「戦後日本」の形をつくるうえで遺憾なく発揮された。そのことが多くのすぐれた歴史家の研究であきらかになっています。

安保村の掟・その1

　ではいくつかの公文書をもとに、占領期における昭和天皇とアメリカとのかかわりを見ていきましょう。六年半におよんだ両者の協力の歴史は、そのまま現在の安保村の歴史へとつながっていきます。

　本書がもし、たくさんの方に読んでいただけたら、私は次は『安保村の掟』という本を書いてみようと思っているのですが*、その最初の掟は次のようになります。

「安保村の掟・その1　重要な文書は、すべて最初は英語で書かれている」

　数年前、日米安保条約について調べていて一番驚いたのは、一九五一年九月八日にサンフランシスコで同条約が結ばれたとき、秘密保持のため、

「調印前日の深夜まで、日本語の条文は存在しないことになっていた」

という事実でした。まず平和条約が結ばれ、独立を回復した日本が、みずからの意志によってアメリカと安全保障条約を結ぶというフィクションが、ジョン・フォスタ

ー・ダレスによってつくられていたからです。

ですから同日午前結ばれたサンフランシスコ平和条約に日本側代表六人全員がサインしたのに対し、午後結ばれた日米安保条約には吉田茂ただひとりがサインしたことはよく知られていますが、理由は非常に単純で、そもそも日本語の条文を見ていなかったので、ほかの五人の代表は安保条約の内容をほとんどわかっていなかったのです。

もっともその程度のことは、それほど驚くことではないかもしれません。このあとふれるように、いまでは広く知られるようになっていますが、日本国憲法の草案も最初は英語で書かれていました。さらにこれはいまでも知らない人が多いのですが、**敗戦翌年の一九四六年一月一日、昭和天皇が人間宣言を出します。これも最初は英文で書かれていました。**あとでその英文もご紹介します。

＊――実際には『知ってはいけない――隠された日本支配の構造』（講談社現代新書、二〇一七年）というタイトルの本になりました。

天皇を利用した日本統治のスタート

先ほど、アメリカには昭和天皇を使って戦後日本をコントロールしようという有力なシナリオが早くからあって、ライシャワーなどは、戦争に勝ったあとは日本に「ヒロヒトを中心とした傀儡政権《パペット・レジーム》」をつくればいいと提案していたと言いました。

そうした天皇を利用した日本統治の試みは、一九四五年八月一五日の敗戦後、すぐに始まります。正式な降伏手続きのため、マニラにいたマッカーサーのもとに呼びつけられた軍使（陸軍参謀次長・河辺虎四郎）が八月二一日、次の三つの文書をもちかえったのです。もちろんすべて英語で書かれたものでした。

①降伏文書
②一般命令第一号
③天皇の布告文

①は日本がポツダム宣言を受諾して降伏するための正式な文書です。約二週間後の

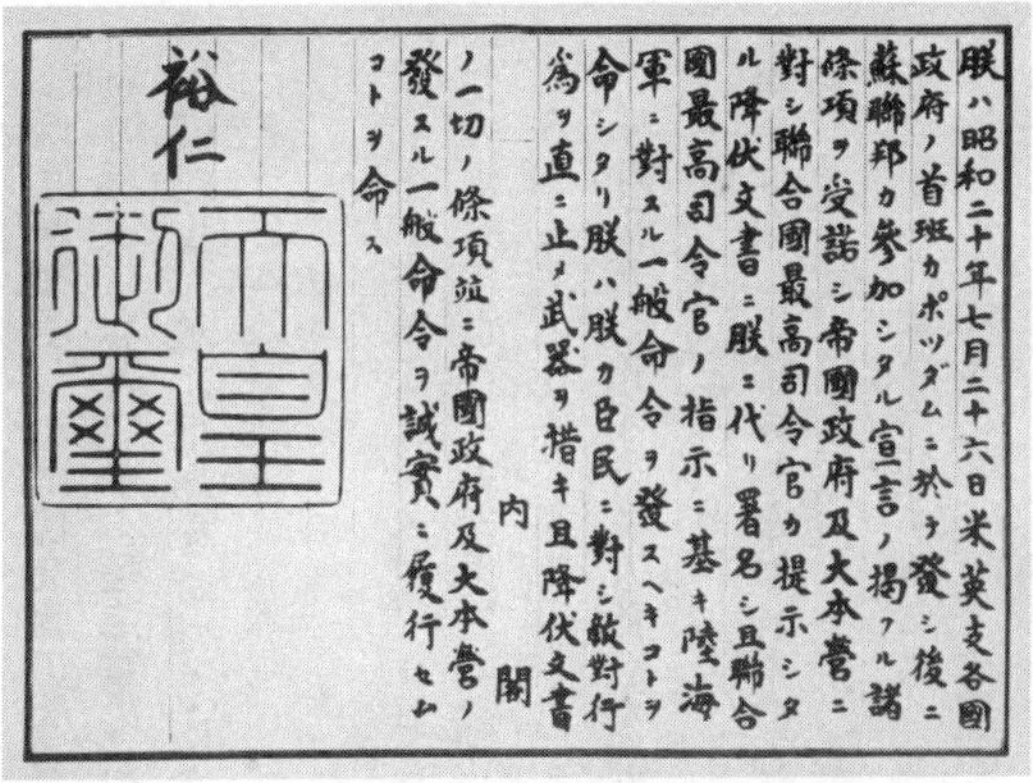
朕ハ昭和二十年七月二十六日米英支各國
政府ノ首班カポツダムニ於テ發シ後ニ
蘇聯邦カ参加シタル宣言ノ揭クル諸
條項ヲ受諾シ帝國政府及大本營ニ
對シ聯合國最高司令官カ提示シタ
ル降伏文書ニ朕ニ代リ署名シ且聯合
國最高司令官ノ指示ニ基キ陸海
軍ニ對スル一般命令ヲ發スヘキコトヲ
命シタリ朕ハ朕カ臣民ニ對シ敵對行
為ヲ直ニ止メ武器ヲ措キ且降伏文書
ノ一切ノ條項並ニ帝國政府及大本營ノ
發スル一般命令ヲ誠實ニ履行セム
コトヲ命ス

内閣

裕仁　天皇御璽

天皇の布告文｜©共同通信社

九月二日、東京湾に浮かぶミズーリ号の艦上で、この文書に政府と軍部の代表がサインをして、正式な停戦（事実上の終戦）となりました。②はその正式な降伏を受けて、日本の陸軍と海軍に対し、降伏や武装解除をどのようにおこなうか、米軍側から具体的に指示した文書です。

そして問題の③は、ミズーリ号での降伏文書へのサインと同時に発表するよう指示された、天皇の声明文です。現代語訳でご紹介します。

「私は、昭和二〇年七月二六日にアメリカ、イギリス、中国政府の首相や大統領がポツダムにおいて発表し、のちにソ連も加わった宣言（＝ポツダム宣言〕の条項を受け入れ、**日本政府および大本営〔＝軍部〕に対し、連合国最高司令官が提示した降伏文書の内容に私にかわってサイン**し、かつ連合国最高司令官の指示にもとづき、**陸海軍に対する一般命令を出すことを命じた。私は日本国民に対し、敵対行為をただちにやめ、武器をおき、かつ降伏文書のすべての条項**と、日本政府および大本営の発する一般命令を誠実に実行することを命じる」

ポツダム宣言を受け入れ、正式に降伏すると同時に、天皇の名でこの声明を出せ。天皇の権威によってスムーズに武装解除が進むよう、日本軍に命令しろ。

こうしてアメリカによる日本占領は、もとは英文で書かれた布告を日本側が翻訳して、昭和天皇が指示どおりそれを発表することでスタートしたのです。

皇居はなぜ爆撃されなかったのか

そもそも日本を占領するにあたって、天皇をどのようにあつかえばよいのか、この問題は非常に早い時期から、アメリカ政府の最大の関心事になっていました。自分たちは必ず戦争に勝って日本を占領するだろう。そのとき天皇をどうすればいいのか。

裁判にかけるのか、退位させるのか。いったいどうすれば、もっともアメリカの国益にかなうのか……。

具体的には開戦翌年の一九四二年一一月から、国務省内で「天皇問題」の検討が始まり、戦争中、天皇を攻撃の対象とするかどうか、戦後、占領政策のなかで天皇をどう位置づけていくかなどについて、さまざまなレポートが作成されていったのです。

たとえば戦時中、大規模な空襲を受けた東京で皇居の大部分が無傷のまま残されたのは、「そうした〔皇居への〕攻撃は、大多数の日本国民が天皇個人に対していだいている忠誠心を傷つけ、（略）日本国民の戦争続行の意志を高める結果となるだろう。（略）そのかわりに皇居に近いほかの重要施設、たとえば東京駅を爆撃すれば、同じだけの効果があって、しかも皇居を爆撃したときのような問題は起こらない」

という考えが優勢だったからでした。（「東京の皇居を爆撃すべきか？」一九四四年七月二八日／米軍戦略局調査分析部）

ですから正式な降伏のセレモニーであるミズーリ号の調印式で、天皇にどのような役割をあたえるかについても、もちろん長い時間をかけて綿密な検討がおこなわれていたのです。

実は最初の計画では、昭和天皇自身が調印式に出席して無条件降伏を宣言し、降伏文書にサインすることになっていたのです。しかし、イギリス側から、「これから天皇を使って日本軍をスムーズに武装解除させ、〔無益な戦闘を避けて〕多くのアメリカ兵とイギリス兵の命を救わなければならないのだから、わざわざ天皇自身にサインさせ、屈辱をあたえるというのはいかがなものか」

という意見が出され、その結果、よりマイルドな、

「天皇が日本政府と軍部の代表者に対して、自分のかわりに調印式に出席して降伏文書へサインすることを命じる」という形に変更されたわけです。

天皇の声明によって、順調に進んだ武装解除

こうしてアメリカ軍による日本占領がスタートしました。降伏文書と天皇の布告文の関係を見ればわかるように、最初は完全な従属です。命令されたことをそのまま実行するしか、選択肢はありませんでした。英語で書かれた天皇の布告文を翻訳して、指示どおり発表する。これが占領期の、米軍（ＧＨＱ）と昭和天皇の最初の「共同作業」だったのです。

しかしすでにご説明したように、昭和天皇とその側近グループは、そのままただの

操り人形《パペット》で終わるような人びとではなかった。このあと見るように、アメリカ側からの要求に対し一〇〇パーセント、ときに一二〇パーセントこたえながら、そのうえで日本の国益をしたたかに確保していった。そして最後はマッカーサーさえも飛び越えて、アメリカ本国と直接コンタクトし、「戦後日本（安保村）」の安全保障体制をつくりあげていくことになるのです。

八月一五日のいわゆる玉音放送（「終戦の詔書」）、そしてこの九月二日の降伏のための布告文（「降伏文書調印に関する詔書」）という、昭和天皇のふたつの声明によって、日本軍の武装解除は順調に進みました。史上初の皇族内閣である東久邇宮《ひがしくにのみや》（稔彦王《なるひこおう》）内閣のもと、国内だけでも三〇〇万人もの日本軍が、それほどの混乱もなく、武装解除に応じたのです。この事実は「天皇を利用した日本支配」というメイン・シナリオの価値を、いっそう高める結果となりました。

そうした状況のなか、八月三〇日に厚木に降り立ったマッカーサーは、九月一五日から皇居前の第一生命ビルに司令部をかまえ、本格的な占領政策に着手します。次の焦点は、いったい、いつマッカーサーと昭和天皇が会うのか、そこでどのようなことが話しあわれるかに移っていきました。

第一回マッカーサー・昭和天皇会見

有名な第一回マッカーサー・昭和天皇会見は、敗戦から四三日後の一九四五年九月二七日におこなわれました。その内容については、通訳をつとめた奥村勝蔵・外務省参事官の正式な記録が公開されています（二〇〇二年一〇月一七日に外務省が公開）。

その記録によると、ふたりが顔をあわせて簡単な挨拶をしたあと、マッカーサーは急に口調を変え、かなり強い調子で二〇分にわたり演説をした。それが終わるのを待って、昭和天皇はマッカーサーに次のようにのべたと書かれています。

「この戦争については、自分としては極力これを避けたい考えでありましたが、戦争となるの結果を見ましたことは、私のもっとも遺憾とするところであります」

みなさんは、

「あれっ」

と思われたかもしれません。

よく映画や歴史小説では、このとき昭和天皇は、

「わが身はどうなってもいいから、国民を救ってほしい」とか、

「私は絞首刑になってもよい」

などとのべ、その言葉にマッカーサーが感動したことになっているからです。

しかしそうした描写の根拠をひとつひとつたどっていくと、いずれもマッカーサー本人や昭和天皇の側近（侍従長）、または皇太子の家庭教師だったヴァイニング夫人など、天皇制の存続を強く願っていた人びとが、後年になってから公表した回想録や証言にもとづいており、そのまま信じるわけにはいきません。それぞれの政治的思惑が入っているからです。

現在でも、歴史的事実として確定してよいのは、外務省の公式記録にのこされた右ページの発言だけです。それにプラスした部分は、それぞれの研究者や書き手の「説」ということになります。

私自身の見解としては、この第一回会見からちょうど一ヵ月後の一〇月二七日、マッカーサーの政治顧問だったジョージ・アチソンが、自分を派遣した本国の国務省に宛てて打った次の極秘電報の内容が、もっとも事実に近かったのではないかと思います。この時点でマッカーサーがアチソンに対して事実を粉飾する必要はありません

し、昭和天皇の発言内容について、各種資料とも矛盾なく一致するからです。

「マッカーサー元帥が本日私に語ったところによれば、天皇ヒロヒトは元帥を訪ねたさい（一九四五年九月二七日）、マッカーサーが待っていた大使館応接室に入ってきて、深々とお辞儀をした。両者が握手し、すわったあと、**天皇は、自分はアメリカ政府が日本の対米宣戦布告書を受けとる前に真珠湾攻撃を開始するつもりはなかったのだが、東条が自分をあざむいたのである、とのべた**。①**天皇は、〔ただし自分は〕責任を回避するためにそのようなことを口にするのではない、自分は日本国民の指導者であり、したがって、日本国民の行動には責任がある、と語った**②」（一九四五年一〇月二七日、ジョージ・アチソン　文中の番号は矢部によるもの）

つまり、外務省の公式記録には意図的に書かれていない、きわめて重要な昭和天皇の発言がふたつあった。それは、

①「宣戦布告の前に真珠湾攻撃をしたのはまったく自分の考えではなく、すべて首相だった東条の責任である」

②「だからといって、自分の責任を回避するつもりはない。自分は指導者として、日本国民の行動には責任がある」

ということだったと思われます。

この会談の一〇日前の九月一七日、外務省は戦犯容疑で収監されていた東条元首相にひそかに接触し、

「裁判では昭和天皇の責任をひとことも口にしない」

という内容の確認をとっていました。(『田尻愛義回想録』原書房)

その返事にもとづき、重大な国際法違反である宣戦布告前の真珠湾攻撃については、すべて東条に罪をかぶせるというシナリオができていて、東条自身もそのシナリオを受け入れていた。

しかし「東条」という個人名をあげて特定の人物を非難することは、日本の天皇のふるまいとしてふさわしくない。また、「責任を回避するつもりはない」という発言が公《おおやけ》になると、みずから戦争責任を認めたとして裁判で有罪になる可能性がある。そうした配慮から、このふたつの発言が外務省の記録から削除されたものと思われます。

一九四五年九月の段階から、日米合作のシナリオが動き始めた

開戦約一年後の一九四二年一一月からアメリカ政府は、戦争に勝ったあとの占領政策のなかで天皇をどう位置づけるか、無数の選択肢を検討していました。しかしマッカーサーと昭和天皇が実際に対面する以前の段階で、メイン・シナリオは、ほぼできていたのでしょう。両者の一回目の会見の二日前におこなわれた、アメリカ・メディア(ニューヨーク・タイムズとUP通信)への昭和天皇の「記者会見」から、そのことがうかがえます。

この「記者会見」については、戦後の歴史のなかでほとんど語られることがありません。その理由はこれが安保村の正史である「昭和天皇はまったくの無私の心でマッカーサーと会見した」というストーリーを語るうえで、きわめて都合の悪いエピソードだからでしょう。

しかしこのときおこなわれた文書による一問一答形式の「インタビュー」は、事前に日米間でよく検討され、練りあげられたものでした。文書のほかに短時間の会話も許されたようですが、質問は許されませんでした。ニューヨーク・タイムズ記者、フ

ランク・クルックホーンは、

「私と天皇は、おそらく一〇分ほど雑談した。（略）質問はしないようあらかじめ指示されていたので、私はその約束を守った」

と記事に書いています。形はインタビューでしたが本質は儀式だったことがわかります。

現在入手できる日米の記録を突きあわせて読むと、

「今後はイギリス型の立憲君主国としてやっていく」

「重大な国際法違反である宣戦布告前の真珠湾攻撃は、東条首相が自分への相談なくやったことだった」

「必要な変革〔＝ポツダム宣言の確実な実行〕をおこない、将来二度と戦争をすることのないような平和国家をめざす」

など、このアメリカの大手メディアとのあいだで交わされた一問一答は、このあと一一回にわたっておこなわれる昭和天皇とマッカーサーとの会見、さらに言えば六年半におよぶ「日本占領」という巨大プロジェクトに関して日米間で合意された、最初の短い、しかし完成度の高いシナリオだったことがわかります。

のちに侍従長となる入江相政《いりえすけまさ》（当時、侍従）は、このニューヨーク・タイムズとの

「記者会見」があった九月二五日の日記にこう書いています。

「これでまず最初の心配はなくなり、〔あとは〕二七日の御行事《おんぎょうじ》〔マッカーサーとの第一回会見〕がすめば、まったくひと安心である」

考えてみれば、たとえば企業と企業が共同事業をおこなう場合でも、トップ同士が会うときにはすでに方針がだいたい決まっていて、それを確認する儀式として会うわけです。そこで突発的に、アドリブでなにかを決めるなどということはありえない。そうしたウラ側の事情が、この入江相政の「御行事」という言葉によくあらわれています。

こうしてGHQと昭和天皇の側近グループが協議を重ねて、日米合作のシナリオが動きだしていました。安保村の萌芽が、生まれ始めていたのです。

安保村の誕生――マッカーサーの信頼をかちえた昭和天皇

もっとも、第一回会見で実際に昭和天皇に会ったマッカーサーの感想が、非常に良いものだったことは確かなようです。昭和天皇を弁護するわけではありませんが、だいたいこういうとき、国王という人たちは逃げ出すことが多いわけです。国外へ亡命する。第一次大戦でもドイツのヴィルヘルム二世はオランダへ亡命しましたし、第二次大戦のイタリアでも、ヴィットーリオ・エマヌエーレ三世は国民を見捨ててローマから南イタリアへ逃亡しています。

アメリカ国務省もそのことはよくわかっていて、戦争終結前年の一九四四年一一月には、

「もしも日本の天皇が国外へ逃亡した場合、どのように対処すべきか。ほかの皇族を即位させるべきか。天皇の所在が不明な場合はどうすればいいか」

という問題に関して検討をおこなっています。

ところが先の外務省が公表した資料では、昭和天皇はマッカーサーとの第一回会見で、

「今後は平和の基礎の上に新日本を建設するため、私としてもできるかぎり力をつくしたいと思います」

「ポツダム宣言を正確に履行〔実行〕したいと考えております」

とマッカーサーに伝えていた。二日前の「記者会見」によって、おおよその見当は

ついていたでしょうが、本人の口からはっきり「全面協力します」という決意を聞くことができたのは、マッカーサーにとって非常に心強かったことでしょう。

「もっとも安全な方法は、〔天皇がみずから〕危険をおかすことだ」

また、一七四ページのアチソンの報告にあったような、

「〔自分は〕責任を回避するためにそのようなことを口にするのではない、自分は日本国民の指導者であり、したがって、日本国民の行動には責任がある」

という発言も、実際にあったと私は思います。

この発言にいたる道のりにも長い前奏曲《プレリュード》があって、実は戦争が終わる数ヵ月前から、日本の戦争終結派（和平派）とアメリカの親日派勢力は、どのように戦争を終わらせるか、そのとき天皇のあつかいはどうなるかについて、さまざまなルートでずっと協議を重ねていたのです。これがいわば「安保村」の前史になります（ですから安保村の始まりは、実は和平を願う「善きもの」としてスタートしているのです）。

その代表的なひとつが、スイスを舞台におこなわれていた終戦工作でした。ここで重要なのは、そこでアメリカ側の交渉窓口となっていたのが、ジョン・フォスター・

ダレス（サンフランシスコ平和条約と日米安保条約のアメリカ側交渉責任者）の弟で、戦後、ＣＩＡの実質的な創設者となるアレン・ダレスだったということです。

彼ら兄弟はこのあと一九五〇年代に冷戦期のアメリカの世界戦略を支え、「反共」を軸としたその戦略に、日本も半ば積極的に組みこまれていくことになります。同時にアレンはスイスの終戦工作でつちかった人脈をもとに、戦後、ＣＩＡが日本の権力中枢に食いこんで、国家方針を左右するような関係を構築することにも成功しました。まさに安保村の創設者のひとりと言っていい人物なのですが、そのアレンが終戦工作のなかで、日本側に向けて、こんな助言をしているのです。

「もっとも安全な方法は、〔天皇がみずから〕危険をおかすことだ」

つまり天皇と皇室の運命は、これから天皇自身がどう行動するかにかかっている。アメリカ側のシナリオをよく理解し、国内の穏健派勢力の代表として終戦のために日本の軍部を説得し、米軍に協力する姿をアメリカ国民に見せることが、天皇にとって最善の選択なのだと。（『アレン・ダレス』有馬哲夫／講談社）

その後の昭和天皇の行動を見れば、終戦の「ご聖断」[*1]や、マッカーサーとの会見での「自分は日本国民の行動に責任がある」[*2]という発言など、そうしたアレン・ダレスのいう最善のシナリオを実行するための「知力」と「胆力」が、じゅうぶんに備わっていたことがわかります。

考えてみてください。もし、そうすることが自分を救う可能性が一番高いとわかってはいても、自分を処刑できるような権限をもつ人間の前で、「自分には戦争責任がある」とはっきり言うことは、なかなかできるものではありません。昭和天皇にとっても、終戦の「ご聖断」につづく生涯最大の賭けだったと思います。マッカーサーがそのことに驚き、昭和天皇の態度や資質を高く評価したことは事実だと思います。

その結果、このあとふたりはまさに車の両輪として、「アメリカの占領政策＝日本の国家再生計画」という共同プロジェクトを進めていくことになるのです。それはまた、「天皇＋米軍」という、安保村の基本構造が誕生した瞬間でもありました。

＊1―ポツダム宣言を受諾する二日前（一九四五年八月一二日）、現状ではまだ天皇制の存続（国体の護持《ごじ》）が保証されていないと強く降伏に反対する阿南惟幾《あなみこれちか》陸軍大臣に対し、昭和天皇は「阿南、心配するな。朕《ちん》には〔天皇制存続の〕確証がある」と語ったとされています。（『大本営陸軍部⑽』防衛庁防衛研修所戦史室〔戦史叢書／朝雲新聞社〕）

＊2―おそらく第一次大戦のヴィルヘルム二世のケース（↓一五九ページ）をよく検討したうえで、ここまでは認めるという「防衛ライン」が設定されたのだと思います。

最初は英文だった人間宣言

とはいえ、もちろんすべてがスムーズに進むわけではありません。ＧＨＱと日本の皇室、まったくの異文化に属する両者が、どのようにしてぶつかり、またどのようにして協力しながら、アメリカの占領政策（＝日本の国家再生計画）を実現していったのか。

その実態がわかるもっとも良い例が、先にふれた人間宣言です。敗戦翌年の元旦、一九四六年一月一日に昭和天皇が有名な人間宣言を出します。これも最初は英文だったという話です。

前後の事情を少し説明すると、そもそもアメリカが日本を占領したのは、ポツダム宣言にあるとおり、日本を自分たちの国益にかなう形で国家改造することが目的でした。大きな目標はふたつあって、ひとつは日本を「二度と自分たちに刃向かう可能性がない国」に改造すること、もうひとつは「民主的な国」に改造することでした。

その中心的な担い手は、憲法草案をつくったＧＨＱの民政局（GS：Government

Section）という有名なセクションで、政治および統治機構全般の改造を担当しました。しかしもうひとつ、思想面での国家改造、悪くいうと国家レベルでの洗脳を担当した民間情報教育局（CIE：Civil Information and Education Section）という重要なセクションがあったのです。

この民間情報教育局が敗戦の年の一九四五年一二月一五日に、国家神道廃止令という指令を出します（一般に「神道指令」といいます）。

彼らは戦前の日本を、いわば天皇崇拝と軍国主義が一体となった狂信的軍事国家だと考えていました。ナチス・ドイツが「アーリア人はほかの民族よりも優秀で、世界を支配する権利をもっている」と考えて世界征服を企てたように、日本人は「天皇は神だ。だから日本人はほかの国民よりえらいのだ」と考えて侵略戦争をおこなった。「天皇のために死ねることを喜べ」と言って、若者に神風特攻隊のような狂信的な戦い方もさせた。二度とあんなことをされたら、たまったものじゃない。そこで国家が神道にかかわることを全面的に禁止するという命令を出したわけです。

人間宣言と日本国憲法が書かれた経緯は、そっくりだった

しかしその命令のなかに、肝心の「天皇は神ではない」という内容は書かれていませんでした。それはやはり信仰の問題ですから、占領軍である自分たちがいくら命令しても、日本人がそれを信じなければ意味がない。だから天皇本人に言わせようということになったわけです。

そこで一二月一五日の国家神道廃止令に連動する形で、自分は神ではないという声明を一〇日後の一二月二五日、クリスマスの日に天皇に出させようという計画が立てられます。そのあと人間宣言の英語の文案を日本側に伝えるとき、アメリカ側はこう言ったとされています。

「マッカーサー元帥もこの文案に目を通しました。この声明が出ないと天皇の地位が危なくなるかもしれません」(『天皇家の密使たち――秘録・占領と皇室』高橋紘・鈴木邦彦/現代史出版会)

これはのちほどふれるように、この二ヵ月後、GHQ民政局が日本国憲法の草案を日本政府に渡したときの言葉とそっくりなのです。憲法草案を渡したときは、

「現在各国から、天皇を戦犯として東京裁判にかけるべきだという声が高まっています。（略）しかし最高司令官〔マッカーサー〕は、この憲法草案が受け入れられれば、事実上天皇へのそうした攻撃はなくなると考えています」

とおどしていたのです。

このように人間宣言と日本国憲法が書かれた経緯は、まるでそっくりなのです。しかしそれは当然で、**なぜGHQがそうしたかというと、このふたつの草案は、本当に昭和天皇を守るために、急いでつくられたものだったからです。**

すでにのべたとおり、人間宣言も日本国憲法も大きくはアメリカの国家戦略にもとづいたものですが、なぜ「この時期に」「英文の草案を」「急いで作成したか」というと、本当に昭和天皇を守るためにそうしたという側面が強かった。なにから守るかというと、同じ年の五月に予定されていた東京裁判からでした。

敗戦から数ヵ月たって、すでに昭和天皇はGHQの占領政策に絶対に欠かせない存在となっていました。占領政策に非常に協力的で、政治的能力も高く、日本国民への影響力も絶大だった。しかし敗戦翌年の五月には東京裁判が始まることになっていて、うかうかしていると昭和天皇が起訴されて戦争犯罪人となってしまう可能性も残されていた。ですから基本的には人間宣言も日本国憲法も、この時期に急いでつくられた最大の目的は、天皇を東京裁判にかけないよう、国際世論を誘導するところにあったのです。

事実、人間宣言が一月一日に出ると、すぐその日のうちにマッカーサーが連係して声明を出し、「いまや天皇は民主主義の象徴となった」と称賛しています。さらには同じ日のニューヨーク・タイムズの一面と社説にも、この人間宣言の話が大きくとりあげられました。一面では「日本の歴史上もっとも重要な文書」、社説では「彼（昭和天皇）はこの宣言によって、日本の歴史上、偉大な改革者のひとりとなった」と、いずれも絶賛しています。

昭和天皇もそうした全体のシナリオのことをよくわかっていた。だからこそ、最大限GHQ側の提案を受け入れ、協力していったという経緯があるのです。

地方巡幸によって、日本再生の先頭に立った昭和天皇

人間宣言を出した一月一日の夕方、GHQ民間情報教育局（CIE）のダイク局長が、「政治から切り離した形で」「天皇制を存続させる」との意向をもっているという情報が、裏ルートから昭和天皇に伝えられます。（『側近日誌』木下道雄／文藝春秋）

広島巡幸で、市民に向けて帽子をかざす昭和天皇。左手に原爆ドームが見える。｜1947年12月７日｜©共同通信社

さらに一月一三日には、同局長の「天皇はみずから国内を広く巡幸《じゅんこう》されて、国民の声に耳をかたむけられるべきである」という意向も伝えられます。その約一ヵ月後、二月一九日から始まったのが天皇巡幸です。

上の写真をご覧ください。これは昭和天皇の一九四七年の広島巡幸のときの写真です。右手でかかげた帽子の先、画面左手には原爆ドームが写っています。人間宣言と地方巡幸によって、前年まで戦争の象徴だった昭和天皇が、これからは平和と民主主義の象徴となる。そうした日米合作のシナリオにもとづいて、こうした巡幸もおこなわれました。

ひとことで言うと、戦後日本という国

は、昭和天皇を平和と民主主義のシンボルとする「日米合作」の新国家として、再出発することになりました。そしてその新体制を日本国民は熱烈に支持した。原爆であれほど悲惨な目にあった広島市民でさえ、これほど多くの人びとが熱烈に支持したのです。

このときの動画がYouTubeにアップされていますから、興味のある方はぜひごらんください。グーグルで「昭和天皇　広島　巡幸」と検索すると、カラーの動画が出てきます。右の写真で昭和天皇は帽子をとって大きくかかげていますが、動画で見ると、最初はかなり躊躇《ちゅうちょ》していた。やはり原爆という未曾有の被害を受けた広島の市民が、どれほど自分を歓迎してくれるか、はかりかねていたのでしょう。

それで最初は帽子に、ちょっとだけ手をかけて挨拶のような仕草をする。しかしそれを見た数万人の広島市民がワーッと大きな歓声をあげるのです。そして万歳をくり返す。そこで昭和天皇もだんだん大胆になって、最後はこの写真のように帽子をとって大きく頭上にかざしたわけです。

一部のインテリ、戦前に大学に通っていたような高学歴者は別ですが、当時の日本の庶民にとって、天皇がどれほど大きな存在だったかわかります。その天皇が主導して、こうした日米合作の戦後体制を築いた。だからそれから七〇年たって、いくら矛盾が露呈しても、安保村の基本構造が非常に変えにくいということがあるのです。

人間宣言の英文と訳文

ではここで、人間宣言がどのようにしてつくられたかを見てみましょう。まず英文がどう翻訳されたか、実際の文章をくらべてみます。

原文の「神格否定」の部分（浅野長光氏保管資料／「毎日新聞」二〇〇六年一月一日）

"The ties between us and the nation have been very close. They do not depend only upon myths and legend; they do not depend at all upon **the mistaken idea that the Japanese are of divine descent**, superior to other peoples, and destined to rule them. They are the bonds of trust, of affection, forged by centuries of devotion and love."

発表された「人間宣言」の「神格否定」の部分（著者による現代語訳）

「私と国民とのあいだの結びつきは、つねにたがいの信頼と敬愛によって結ばれたもので、たんなる神話と伝説によって生まれたものではない。**天皇を生きた神**とし、さらに日本国民は他の民族よりも優秀な民族で、そのため世界を支配すべき運命をもっているとの**架空の観念**にもとづくものでもない」

もっとも重要なこの部分が、英文の内容をほぼ忠実に訳したものであることがわかります。ただ一ヵ所、「日本人は神の子孫であるという誤った観念（the mistaken idea that the Japanese are of divine descent）」が、「天皇を生きた神〔とする〕架空の観念」に変わっている。その理由はこの英語の文案がつくられたあとで、マッカーサーが「日本人は神の子孫であるという誤った観念」ではなく、「天皇は神の子孫であるという誤った観念」に変えろと言ってきたからです。

しかし日本側は、いま生きている昭和天皇が神だということは否定してもいいが、皇室が神の末裔《まつえい》ではないとすることは認められないとして、こういう文案になったわけです。というのも、日本の皇室の祖先は天照大神《あまてらすおおみかみ》だということになっていて、それを否定してしまうと、皇室のアイデンティティであるさまざまな祭儀がおこなえなくなってしまうからです。皇室の日々の暮らしというのは、そうした数多くの祭儀を中心に営まれており、私たちが思っている以上に、それらは重要な意味をもっているのだそうです。

そこで「天皇は神の子孫であるという誤った観念」を、「天皇を生きた神とする架空の観念」に変えた。一見、神格の否定が強くなっているような印象がありますが、実は「天照大神が皇室の祖先である」という皇室のアイデンティティは守られ、祭儀についても以前と同じくおこなえるようになったというわけです。

昭和天皇のおこなったアレンジ——なぜ五箇条の御誓文を加えたのか

こうして発表する日をクリスマスから元旦に変え、そのあと神格否定の部分の日本文を修正したあと、さらには昭和天皇自身の判断で冒頭に「五箇条の御誓文《ごせいもん》」を加え、戦争には負けたが、また心をひとつにしてすばらしい日本をつくっていこうというメッセージにアレンジして発表した。それがいわゆる人間宣言です。

五箇条の御誓文というのは、慶応四年（明治元年）に出された「広く会議を興《おこ》し、万機公論に決すべし（広く会議を開いて、すべての物事を公の議論によって決定するべきである）」という、明治政府の基本方針です。それが日本の民主主義の起源だという文章を、「天皇は神ではない」という文章の前につけ加えて、元旦に発表することを昭和天皇は提案した。

なぜそんなことをしたのか。そこには三つの意味がありました。少しこみいった事情がありますので、くわしく説明します。

まずひとつ目はそうした大きなアレンジを加えることで、**自分はなにもGHQに強制されてこの人間宣言を発表したのではない、というスタンスをとることでした。**

主な目的は、自分が神であることの否定ではなく、五箇条の御誓文を国民に広く示し、国家再生のメッセージとすることにあったのだ。もともと日本にはこうした民主主義の原則があり、一時的に軍部が暴走して悲惨な戦争になっただけで、本来は立派な民主主義国なのだ。だからまた明治時代の原則にもどってやり直せば、必ず復興する。それをこの機会に国民に広く知らしめようと思って声明にしただけだ（実際に昭和天皇は、一九七七年八月二三日の記者会見でそうした認識を表明しています）。

実にうまい。**実際は強制されているわけですが、主体的にやったという形をとって、天皇としての、また国家としてのプライドを見事にたもっている。**日本の天皇というのは、明治以前は長らく、政治的実権をもつ権力者（武家政権）に対し、権力はないが権威はたもちつづけるという形で政権運営に協力してきたという歴史があります。だからこのGHQに対する対応も、一朝一夕にできたものではなく、非常に洗練されているわけです。

絶対に逆らわず、相手の要望をつねに一〇〇パーセント実現する。しかしそのなかで、重要なポイントについては独自にアレンジをほどこし、みずからの利益もしっかり確保していく。そうした昭和天皇の、宮廷外交の神髄ともいうべき洗練されたスタイルが、その後さまざまな文書について、「本当は日米どちらが書いたのか」という論争を引き起こす原因になっています。あとで説明しますが、主観的にはどちらとも言えるからです。

一二〇点の回答

アレンジを加えたふたつ目の意味は、**GHQの文案をバージョンアップした**ということです。GHQとしては、この問題については昭和天皇が自分の口から「私は神ではない」と言ってくれれば、それで一〇〇点だったわけです。しかし昭和天皇はその予定稿をさらにバージョンアップして、神だとか神じゃないとかそんな問題よりも、重要なのは日本が明治時代から立派な民主主義国家だったということだと主張した。

この主張の背景には、日本人の意識にはほとんどのぼらないことですが、戦後ヨーロッパでは敗戦国の王室はすべて廃止されたという歴史的経緯があります。現在ヨーロッパにいろんな王室がありますが、それらはすべて戦勝国または中立国のもので、イタリア、ブルガリア、ルーマニア、ハンガリーなど、敗戦国の王室はすべて廃止されました。とくにイタリアの場合は、「王制」という遅れた政治形態がファシズムと結びついたのではないかという議論があった。王制を残して日本は本当に民主化できるのかという懸念が各国にあったわけです。

しかし日本は王制（天皇制）であっても、このとおり明治時代から民主的な立憲君主制でやってきた。だから今後もイギリスのような立憲君主制の民主国家として、じゅうぶんやっていくことができる。これは国際世論へのアピールとして一二〇点なわけです。GHQの要求を超えるような回答を出した。

事実、昭和天皇は先にふれた一九七七年の記者会見で、

「はじめの案では、五箇条の御誓文は日本人ならだれでも知っているので、あまりくわしく入れる必要はないと思ったが、幣原《しではら》総理を通じてマッカーサー元帥に示したところ、元帥が非常に称賛され、全文を発表してもらいたいと希望されたので、〔全文を〕国民および外国に示すことにしました」

と語っています。GHQ側に五箇条の御誓文を入れてはどうかという案を打診したところ、

「それはいい考えだ」となったわけです。

さらに三つ目。ここがもっとも重要なのですが、そのなかで**皇室と日本の国益もきちんと確保している**。つまり基本的にGHQの国際世論へのアピールは、全部後ろ向きなわけです。人間宣言、ヒロヒトはもう神じゃないから力もない。憲法第一条、象徴天皇だから政治力もない。第九条二項、そもそも日本自体が戦力を放棄したから軍事的脅威もない。だから助けてやってくれ。見逃してやってくれ。

しかし昭和天皇とその側近グループは、そうしたネガティブなシナリオだけでは戦後日本の繁栄も皇室の繁栄もないと考えたのでしょう。ポジティブなシナリオを示した。日本の天皇制は明治時代からイギリスと同じく、民主的な立憲君主制を実現してきた。戦争になったのは一時的に軍部が暴走したからで、それを止められなかった責任はあるが、基本的に天皇自身は開戦に反対だった。だから今後はまた天皇のもとで、軍部の暴走以前の体制にもどり、イギリスやアメリカなど、世界の民主勢力と力を合わせ、民主的な天皇制でがんばってやっていけば、日本は必ず復興する。

これは一九四五年九月二五日のニューヨーク・タイムズとの「記者会見」で示され

ていたメイン・シナリオでもありますし、アメリカ陸軍の軍事情報部による「日本計画《ジャパン・プラン》」以来の「天皇利用計画」にも沿うものでした。

日本人の歴史観を決定した人間宣言

その後の高度成長期を支えた日本人の歴史観というのは、このとき昭和天皇が「人間宣言」のなかで表明したこのロジックにもとづいています。つまり、

①明治時代：民主主義にもとづいた正しい時代
②昭和初期：軍部が暴走した間違った時代、突然変異的な時代
③戦後日本：本来の民主主義にもどった正しい時代

という歴史観です。

敗戦後もなお天皇制が、そして天皇制日本が、ふたたび繁栄し存続していくためには、天皇が神であることを否定するだけでなく、「この②の期間だけが、突然変異的な時代だった」

とする歴史観がどうしても必要だった。そのことを強調するために、人間宣言の冒頭に五箇条の御誓文を書き加え、大きなアレンジをほどこして、新年の元旦に「国家再生へのメッセージ」として発表した。GHQも、もともとアメリカ陸軍内で立てられていた方針やポツダム宣言にも沿うものですから、すんなりとOKを出す。こうして戦前戦中の軍国主義に関して、悪かったのは軍部の暴走だけだったとするこの日米合作の歴史観を、日本国民も受け入れていきました。

思えば二〇年ほど前に亡くなった司馬遼太郎さんという大歴史小説家がいて、私も昔は好きでよく読んだものですが、司馬さんの描いた小説世界と歴史観は、まさにこの「人間宣言」で書かれたロジックそのままだったと言えます。

明治はとにかくすばらしい時代だった。合理的な時代だった。昭和初期だけが異常で特別な最悪の時代だった。そこでは日本国民が、いわば軍部に占領されていたのだ。だからアメリカ軍が占領軍としてやってきたときも、「より軽い占領」として日本国民はそれを受け入れた。そして独立後はまた、本来のすばらしい国にもどった。もちろん昭和天皇に戦争責任はまったくない。

これはどうでしょう。八割方事実かもしれません。しかし昭和天皇にまったく戦争責任はないという点と、昭和初期だけが異常な時代だったという点はやはりおかしい。時代は連続していますから、前の時代にのちの時代の原因がある。事実いま日本では、まさに②のような「異常な時代」がふたたび訪れる可能性が生まれ始めていま す。司馬さんの歴史観は「司馬史観」とよばれ、いまでも影響力がありますが、やはり広い意味でのフィクションだったと言えるでしょう。

美しい二重構造

人間宣言の翌月、一九四六年二月一九日からは日本全国への「天皇巡幸」も始まります。そして「平和と民主化のシンボルとしての天皇」というシナリオのもと、「マッカーサーの権力」と「昭和天皇の権威」というふたつの車輪で、占領統治が進んでいくことになりました。

このように、アメリカ側の描いたシナリオのもとで、それをうまくアレンジし、そのなかで自分たちの利益も実現していく。絶対に逆らわず、裏切らず、しかも期待を超える結果を出すことでアメリカ側からの信頼も得ていく。これが昭和天皇と側近たちの構築した、昭和後期の日米関係の基本形でした。

しかし、「人間宣言」のメインのメッセージが五箇条の御誓文だったというのは、国内では通じても、国外では通じないロジックであることはもちろんです。事実ではないからです。昭和天皇自身が、だれよりもそのことをよくわかっていました。

実は昭和天皇という方は、占領終結後も非常にきめ細かな政治的努力をつづけた人物で、たとえば一九六一年に雑誌『文藝春秋』が人間宣言の成立についての座談会企画を立てたとき、その座談会に出席する予定だった元侍従の木下道雄に対して、こんな助言をあたえているのです。

「五箇条の御誓文を主とせよ。現御神《あきつみかみ》のことは軽く言え、ブライス（ＧＨＱと皇室の連絡役となった学習院教師）のことは、言うに及ばず」（『側近日誌』解説）

現御神とは、すでにのべたとおり現人神《あらひとがみ》のことです。つまり、

「人間宣言は、天皇が神であることの否定がメインではなく、日本にもともとあった民主主義について広く知らせることが目的だったと言え。ＧＨＱがかかわっていたことについては言うな」

ということです。たかが雑誌の座談会ですよ。その発言まで指示している。実にきめ細かい。

こうした昭和天皇の主導した二重構造、本人はだれよりもよくその実態、つまりＧＨＱからの指示という現実を知りながら、非常に美しいフィクションをつくる。そし

て敗戦国のプライドを守る。これが占領期と、その後の日本の戦後体制全体をつらぬく基本構造になっています。

日本国民にとっても、天皇と日本政府を通じた間接占領のなかで、ＧＨＱに強要されている部分はしだいに見えなくなっていきました。

「日本国憲法の謎」を解くカギとなる人間宣言

ここまで、なぜこれほど「人間宣言」についてくわしくお話ししたかというと、この短い宣言が書かれた経緯や目的、時代背景が、その約二ヵ月後に書かれた日本国憲法を理解するうえで、非常によいモデル・ケースとなるからです。

ＰＡＲＴ１や２でお話ししたように、現在の日本の状況は、だれが考えても非常におかしなことになっています。そのなかで、いろいろな人が解決策を模索している。

しかし、いったいどうすれば国家主権をとりもどし、正常な国にもどれるかという問題を、さまざまな切り口から検討していっても、最後は必ず憲法の問題に収斂《しゅうれん》していくことになるのです。沖縄や福島で起きている重大な人権侵害を、どうすれば食い止められるかという問題も同じです。

ここで重要なのは、**第二次大戦後の世界において、主権国家が憲法に条文として書きこんでしまえば、それほど強いものはないということです。**PART4でお話しするつもりですが、「主権平等の原則」は、国連憲章でアメリカ自身が示した戦後世界の大原則でした。ですから一度憲法に書きこんでしまえば、いくら超大国でもどうすることもできない。**憲法は、力の弱い国が強い国に立ち向かうための最大の武器なのです。**

私の米軍基地の本（『本土の人間は知らないが、沖縄の人はみんな知っていること』）のなかに書きましたが、**フィリピンはその武器を使いました。憲法改正で一九九二年に米軍を完全撤退させています。**[*]フィリピンという国は、戦前はアメリカの本当の植民地で、だから独立したあとも、沖縄などくらべものにならないほど巨大な米軍基地が、いくつもありました。PART1で沖縄本島の地図をお見せして、二八ある米軍基地が面積の一八パーセントを占めていると言いましたが、フィリピンには、たったひとつで沖縄本島の四四パーセントもあるような空軍基地や、二〇パーセントある海軍基地などがあったのです。

ところがそのフィリピンが、マルコス政権が倒れて民衆革命的な政権交代があった翌年の一九八七年に、今後、新たな条約を結ばないかぎり、フィリピン国内に「外国の軍事基地、軍隊、施設」は置きませんという憲法をつくったわけです（↓三六二ページ）。さらにそうした「新たな条約」を結ぶためには上院議員の三分の二の承認が必要として、強いしばりをかけました。

もちろんアメリカは激怒し、激しい圧力をかけました。アメリカ側の交渉担当者は、日本でもおなじみの、あのプロレスラーのような体格をした強面《こわもて》のリチャード・アーミテージです。しかし、フィリピン側はふんばった。そしてピナツボ火山の爆発などの偶然も作用して、結局一九九二年に米軍を完全撤退させることに成功したのです。

重要なのはその時点で、東南アジア一〇ヵ国（ASEAN諸国）に外国軍基地はひとつもなくなったという事実です。それはつまり、一六世紀以降つづいた欧米列強による東南アジアの植民地支配の歴史に、ついに終止符が打たれたということでもありました。

しかしこうした事実もまた、日本の圧倒的主流派である安保村にとって非常に都合の悪い情報ですので、日本人には絶対に伝わらないようになっているのです。

＊——二〇一四年四月二八日にアメリカとフィリピンが新しい軍事協定を結んだことで、この「米軍

完全撤退」がもとのもくあみになったなどという人もいますが、それはまったくの誤解です。この新協定は、あくまでもフィリピンが管理権をもつ基地のなかに、これまでよりも米軍が長く駐留でき、装備も置けるようになったという内容で、現在の日本のような、国内のどこにでも米軍が管理権をもつ、事実上治外法権の基地があるという状態とは、まったくちがったものなのです。

日本国憲法は、本当はだれがつくったのか

そのように憲法は、力の弱い国が強い国に立ち向かうための最大の武器です。けれどもその憲法について、日本は国民のあいだにまったくコンセンサスがない。だから健全な議論ができないし、憲法を、国家主権が侵害されたとき、アメリカと闘うための武器にすることができない。また沖縄や福島のように、国民の人権が侵害されたとき、日本政府と闘うための武器にすることもできない。

まずこの問題を解決する必要があります。

コンセンサスがないというのは、本章のはじめにふれたように、いまだに非常に基本的な問題、

「日本国憲法は、本当はだれがつくったのか」という問題をめぐって大きな対立があるわけです。つまりGHQがつくったという勢力（右派）と、本当は日本人がつくったという勢力（左派＝リベラル派）がいて、対立している。

私自身は、政治的立場は、まあ中道・リベラル派といったところなのですが、この日本国憲法の問題だけは、はっきりと「GHQが書いた」という認識をもっています。

「書いた」のは一〇〇パーセント、GHQだった

というのも、いまから二〇年以上前に、私は『日本国憲法を生んだ密室の九日間』（鈴木昭典／創元社）という本をつくったことがあり、そのときチャールズ・L・ケーディスという、マッカーサーのもとで憲法草案の執筆責任者をつとめた（当時、大佐）人物にも会っているからです。

二十数年前は一般の人は、GHQが憲法草案を書いたという事実をほとんど知りませんでした。でも最近、三〇代くらいの人と話していると、みんな知っています。か

『日本の政治的再編 1945年9月～1948年9月』｜GHQ民政局編｜1949年刊
“Political Reorientation of Japan：September 1945 to September 1948”

なり実態をぼかした形ではありますが、草案の執筆自体については高校の教科書にのせるようになったからです。

その結果、「日本人がつくった」と主張する年配のリベラル派（六〇代以上）と若者（三〇代以下）のあいだで、世代間対立のような現象も起きている。過去一〇年ほどのあいだに起きた若者の急激な右傾化の背景に、この憲法執筆問題に関するリベラル派の混乱した歴史認識があることは否定できないでしょう。

そうした混乱の原因のひとつには、憲法を「つくった」というときの言葉の定義の問題があります。「つくった」という言葉は「書いた」という言葉より、含まれる時間や内容の幅が広い。もともと日本人の考えた案がそこにとり入れられているという意味もありますし、できたあと、戦争はもう絶対にいやだと思った日本人が、平和憲法を積極的に受け入れ、ずっと大切に守ってきたというニュアンスもこめられている。日本国憲法の、とくに九条には、日本人の「不戦の祈り」がこめられている。それは事実だと思います。

しかし、憲法を「つくった」ではなく、「書いた」ということで言えば、それは完全にGHQでした。一点の疑いもありません。なぜならGHQ自身が、一九四九年にそのことを『日本の政治的再編』という本のなかで公表しているからです。

敗戦の翌年、一九四六年の二月四日から一二日にかけて、GHQは九日間で日本国憲法の草案を書きました。執筆責任者となったGHQ民政局次長ケーディス大佐を中心に、二五人のアメリカ陸軍の軍人たちが、一一の章ごとに分かれて執筆した。その過程については、秘書役をつとめたルース・エラマン女史の詳細なメモも残されており、細部まで判明しています。

そしてその草案を二月一三日、日本国政府に手渡し、「この内容に沿って憲法を改正するように」と強く求めた。[*] すでにふれたように、日本側に受け入れをせまったとき、もしこの憲法草案を受け入れなければ、昭和天皇が戦犯として裁判にかけられるかもしれないとおどしていたことも、その会合に同席したGHQのマイロ・ラウエル陸軍中佐がのちにあきらかにしています。

＊―GHQ自身がまとめた『日本の政治的再編』では、次のように言ったと書かれています。
“the [Japanese] Government was advised to give it the fullest consideration and use it as a

guide in its renewed efforts to prepare a revised constitution"

検閲によって秘密にされた憲法草案の執筆

しかし英文でこうした事実を公表しながら、GHQは検閲によって、日本国内ではそのことを絶対に報道してはならないとしたわけです。GHQは憲法草案を書いた九ヵ月後（一九四六年一一月末）に「検閲の指針」を定めていますが、その三〇項目におよぶ検閲対象のトップ四項目は、

①GHQに対する批判
②東京裁判に対する批判

そして、ここにご注目ください。

③**GHQが憲法草案を書いたことに対する批判（および一切の言及）**
④検閲制度への言及

となっています。（『閉された言語空間』江藤淳／文藝春秋）

つまり個別の問題としては、「東京裁判」「憲法草案の執筆」「検閲制度」が、報道

してはいけないとされたトップスリーなのです。新聞、雑誌、書籍、映画といったメディアだけでなく、一般市民の手紙まで開封してそうした情報が伝わらないようにしていた。そして東京裁判についてはさすがに隠せませんが、憲法草案の執筆や検閲については、批判することだけでなく、それについて言及することさえ、一切禁じたわけです。

このようにGHQ自身が、本を書いて「自分たちが憲法草案を書いた」と公表している。さらに**「自分たちが憲法草案を書いたことに関する一切の言及を、メディアや手紙でおこなうことを禁じた」**と公表している。まったく議論の余地のない事実なのです。

GHQのコントロール下にあった国会審議

ところがいまだに、

「本当は日本人（民間の憲法研究会など）が書いた草案を、GHQが英語に翻訳したのだ」とか、「草案を書いたのがGHQだということは認めるが、その後の国会審議の過程を通じて日本人自身が選びとったものとなったのだ」*などと言う人がいます。

「帝国議会で何十ヵ所も修正がなされたと聞いている。押しつけられたのは日本政府であって、国民ではない」などと言う人もいます。自国の憲法を他国の軍部が書いたなんて、だれだって絶対に認めたくないでしょう。私も最初に事実を知ったときは、大きなショックを受けました。

でもそうした意見もまちがいです。なぜならその「帝国議会での修正」のほとんどをおこなった衆議院の憲法改正小委員会は、一般議員の傍聴も許されない「秘密会」の形で審議され、その議事録は半世紀近く公開されませんでした。そしてようやく一九九五年になって公開されたその議事録には、委員たちが議論のなかで何度も速記を止めて、「その筋〔GHQ〕の意向」について話しあっていた事実が生々しく記されていたのです。(『帝国憲法改正案委員小委員会速記録』現代史料出版)

そもそもGHQが憲法草案を書く直前の一九四六年一月には、四六六人いた衆議院議員(解散中)のうち三八一人、なんと全体の八二パーセントがGHQによって「不適格」と判断され、公職追放されていたのです。彼らは憲法改正を審議する第九〇回帝国議会(一九四六年六月二〇日—一〇月一一日)の議員を選ぶ、同年四月の総選挙に立候補することができませんでした。(『公職追放論』増田弘/岩波書店)

これはマッカーサーが意図的におこなった処置で、新しい憲法を審議するための国会に旧体制派の勢力が残らないよう、徹底して排除していたわけです。

それなのにどうしてそれが、「日本人自身が選びとったもの」などと言えるのでしょう。

この点を七〇年以上もごまかしてきたことが、現在のような日本の惨状をもたらした最大の原因となっているのです。というのも最近の「法治国家崩壊」とでもいうべき日本の状況を生んでいるのは、ひとことで言えば、

「自分で憲法を書いていないから、だれも憲法判断ができない」

「憲法を書いた社会勢力〔＝当初の制定勢力〕が存在しないから、政府が憲法違反をしても、だれもそれに抵抗することができない」

という、まったく信じられないくらい低レベルな話だからです。

＊――こうした「本当は日本人が書いた」という主張の根拠とされることが多い憲法研究会（民間団体）と、その中心人物だった鈴木安蔵ですが、鈴木は敗戦直後の一九四五年九月二二日、ＧＨＱ対敵諜報部課長だったＥ・Ｈ・ノーマンの訪問を受け、そのとき「憲法問題の根本的再検討の必要性を痛感した」こと、その後も複数回おこなわれたノーマンなどとの会談によって、憲法研究会での

活動を開始する前に、すでにGHQ側の憲法に対する基本的な考えを把握していたことが、古関彰一・獨協大学名誉教授の研究によってあきらかになっています。(『日本国憲法の誕生 増補改訂版』岩波書店)

欽定憲法論と民定憲法論

日本ではかなりのインテリでも、こうした歴史を突きつけられてもなお、「内容が良ければ、だれが書いたかなんて、どうでもいいんだ」などと言います。よくありません。それはまったくのまちがいです。憲法というのは国家を運営するうえでの原理原則、根幹です。そこにあきらかなウソがあっては、枝葉の部分はめちゃくちゃになってしまうのです。それがいまの日本の本当の姿なのです。

みなさんは、東大法学部や京大法学部の教授といったら、どんな人を想像しますか？　日本で一番頭のいい、ものすごく偉い人たちだと思うでしょう。私も何十年間もそう信じてきました。しかしその偉い法学者たちが戦後かなりの期間、なにを議論していたかご存じでしょうか。

それは日本国憲法が、「欽定《きんてい》憲法」なのか、「民定《みんてい》憲法」なのかという議論だったのです。

欽定憲法論というのは、日本国憲法は昭和天皇が明治憲法（大日本帝国憲法）を改正してできた憲法であるという「学説」です（「欽定」というのは「天皇の定めた」という意味です）。事実、日本国憲法は、昭和天皇が明治憲法七三条の定める憲法改正手続きにしたがって発議し、帝国議会で審議されたあと、最後にまた昭和天皇が裁可して成立したという形になっています。

「じゃあそれでいいじゃないか。なにか問題があるのか」

と思われるかもしれません。

それがあるのです。それもかなりの大問題が。日本国憲法前文の冒頭を読んでみてください。

「**日本国民は**（略）ここに主権が国民に存することを宣言し、**この憲法を確定する**」

主語が日本国民で、国民が主体的にこの憲法を確定したことになっています。ここが「日本国憲法は、昭和天皇が明治憲法を改正してできた」という欽定憲法論と完全に矛盾しているのです。

一方、憲法前文に書かれているとおり、日本国民自身が新たに憲法を制定したのだという民定憲法論を採用した場合、昭和天皇が明治憲法の定める手続きにしたがって憲法改正を発議・裁可したという歴史的事実と矛盾してしまいます。

そこでこのふたつの「学説」をめぐって、戦後の東大法学部（民定憲法論）と京大法学部（欽定憲法論）は、真っ向から対立することになったというのです。本当はGHQが書いたのに、それを公言できない占領期に「学説」をつくったため、どちらもつじつまが合わなくなってしまったというのです。（『「日本国憲法」無効論』小山常実／草思社）

この東大法学部と京大法学部における戦後の「法学上の対立」を知ったときは、本当に悲しくなりました。できれば信じたくなかった……。自然科学の分野では世界的研究者を輩出してきた日本ですが、社会科学の研究者たちはどうしてこれほどダメなのでしょうか。

答えを先に言えば、きちんとした議論をしていた学者もいたのです。たとえば戦前、みずからがとなえた「天皇機関説」によって著書が発禁となり、右翼からは銃で襲撃され、それでも自説をまげなかった美濃部《みのべ》達吉《たつきち》・東大法学部名誉教授（法学、憲法学）は、さすがに立派でした。枢密院で日本国憲法の草案を審議したとき、彼は次のようにのべて、はっきりとこの草案に反対の意思を表明していたのです。

「〔現在進行中の〕手続きによると、草案を勅命〔＝天皇の命令〕によって議会に提出し、（略）天皇のご裁可によって〔憲法〕改正が成立することになる。それにもかかわらず、前文では、国民みずからが憲法を制定するようになっていて、**これはまったくの虚偽である**」

「**民定憲法は国民代表会議をつくってそれに起案させ、最後の確定として国民投票にかけるのが適当と思う。**現在のやり方は虚偽であり、このような虚偽を憲法の冒頭にかかげることは国家として恥ずべきことではないか」（一九四六年四月二二日）

　これこそまさに「世界標準」の真っ当な議論でした。「憲法のなかに明白な虚偽がある」と、ズバッと指摘しているところもそうですが、「もし民定憲法をつくろうとするなら、いまのように政府が草案をつくるのではなく、国民代表会議をつくって草案を作成し、そのあと国民投票にかけなければならない」という点もさすがです。

　現在、日本の主流派の憲法学者たちは、一方で「立憲主義」をとなえながら、もう一方で「書いたのがだれかなどは本質的な問題ではない」などと矛盾した主張をしています。しかしそうした議論が完全なまちがいであることは、たとえばフランスでは中学生でも知っています。そもそも近代憲法とは国家権力を制限する役割をはたすものなわけですから（それが立憲主義です）、占領軍は論外として、政府が草案をつくってもダメなのです。

私たちはだれからも教えられなかったので、大人になってもそのことを知らなかったわけですが、それが世界中の中学校・高校で教える憲法についての「イロハのイ」なのです。

その後、美濃部は枢密院における採決で、ただひとり反対票を投じました。

しかし日本の悲劇は、そうした論理的に正しい「世界標準」の議論は社会的制裁を受け、いつのまにか消えていく。その一方で、論理を度外視して体制側に迎合する「学説」だけが、だれからも批判されず、生き残っていくというところにあるのです。

八月革命説

その体制迎合派の代表的存在が、美濃部の弟子で、戦後「日本の憲法学の最高権威」となった宮澤俊義《としよし》・東大法学部教授でした。

もちろん裏側の事情を知らないで、ただ迎合していたわけではなく、非常に早い段階で政府から正確な説明を受けていたものと思われます。GHQが日本政府に憲法草案を提示した、まさにその翌日(一九四六年二月一四日)、南原繁総長の指示で東大内に、宮澤を委員長とする「憲法研究委員会」がつくられているからです。GHQ憲法草案の実態をよくわかったうえで、それを法学的にどう位置づけるべきか、こっそりフライングで協議していたことは確実です。

その後、日本の法学における民定憲法論と欽定憲法論の論争は、東大の民定憲法論が勝利をおさめます。理由は宮澤が、この「憲法研究委員会」での議論のなかから、「降伏という出来事は、法学的には革命的性格を有する」という「八月革命説*」をあみだし、先にのべた民定憲法論における矛盾を一気に解消したからだそうです。八月革命説とは、日本ではポツダム宣言を受諾した昭和二〇年八月一四日に法学上の革命が起き、そのとき憲法の条文はひと文字も変わらないまま、日本の主権が天皇から国民に移行したという「学説」だそうです……。

本当に悲しくなりますよね。大切なのはウラ側からあたえられた「結論」だけで、「事実」や「論理」は、どんなこじつけでもかまわない。いまの原子力村の東大教授や、先にご紹介した北岡・元東大法学部教授の「二種類の密約論」や「条約は一片の紙切れ論」とそっくりじゃないでしょうか。

宮澤は、もともとは、

「大日本帝国憲法は民主主義を否定していない。ポツダム宣言を受諾しても、基本的

に齟齬《そご》はしない。部分的に改めるだけで十分である」（一九四五年九月二八日／外務省での講演）

という主張のもち主でした。実はこれは敗戦直後の日本の支配層の一致した方針だったのです。というのもポツダム宣言には、日本政府は「日本国民のあいだにおける**民主主義的傾向の復活強化**」を実現すればよいと書かれていたからです。だから戦前、軍部が暴走する前の大正デモクラシーの時代まで「民主主義的傾向を復活」させれば、それでいいはずだと日本の支配層は考えていた。そうした基本方針のもとに、先に紹介した「人間宣言」や、日本政府による憲法草案もつくられているわけです。

ところが戦後の日本の憲法学の基礎となった宮澤の著作には、その後、「大日本帝国憲法は非民主的そのものの憲法だった」という記述がくり返し書かれることになりました。

考えが変わったことを問題にしているのではありません。いつ、なぜ、どうして百八十度変わったのか。それがだれにもわからない。戦後の「日本の憲法学の最高権威」がそうした状態ですから、まともな憲法論議など、できるはずがないのです。

このように戦後日本の社会科学における「最高権威たち」というのは、「あらかじめ決まっている結論」をウラからあたえられ、それを正当化するためには自説を百八十度変えても平気でいられる人物、「インテグリティ」の喪失にほとんど痛みを感じない人物ということが大きな条件になっているのです。

＊―「八月革命説」のアイデアそのものを思いついて、それを宮澤に教えたのは、東大の「憲法研究委員会」で書記役をつとめた政治学者の丸山眞男でした。（『丸山眞男集　別巻』岩波書店）

日本の原発は、核攻撃に耐えられる

いま、思い出したのですが、その一番わかりやすい例は、日本の安全保障研究の「第一人者」という評価のもと、かつて民主党政権で防衛大臣に抜擢された森本敏《さとし》氏ではないでしょうか。

森本氏は二〇一三年四月一一日の民放の番組のなかで、「〔日本海側にたくさん建っている〕日本の原発に、北朝鮮が核ミサイルを打ちこんできた場合、防ぐことができるんですか」とキャスターの人から聞かれて、

「日本の現在の原発は、そうした通常兵器以外の攻撃〔＝核攻撃〕に対し、耐えうる

ような強度をもつよう設計されているので、そこは問題ありません」

と、平然と答えていました（！）。質問したキャスターの人も、あまりに意外な言葉だったので、言葉につまって次の質問を重ねることができませんでした。

それが日本の元防衛大臣、もっとも合理的な判断が必要とされる安全保障部門のトップだったわけですから、本当に怖い話です。そうしたことを平気で言える人が、現在の日本社会（安保村）のなかでは偉くなる。しかし外国人から見れば、ただの「頭のおかしな人」にすぎません。安保村の歪んだ現実認識は、ついにそこまでいってしまっているのです。

もし国土の一部でも占領されていたら、その間は絶対に憲法に手をふれてはならない

こうしてGHQが書いたという事実を隠したうえに日本の「法学」を組み立ててしまったため、戦後の日本社会の法的な基盤は本当に脆弱《ぜいじゃく》なものになりました。なによりも緻密な論理が必要な憲法論議の一番根っこのところに、信じられないほどバカみたいな大ウソが横たわっているのです。

その結果のひとつが六〇ページでお話しした「統治行為論」です。統治行為論を人

権に関して適用すれば、それはすなわち三権分立の否定になる。子どもでもわかる話ではないでしょうか。しかし現在の日本の法学では、それは議論も許されない「公理」となっているのです。

最高裁、検察、東大法学部教授……。独立後、そのうちのだれかが美濃部のような国際標準レベルでがんばってくれていれば、現在のような惨状にはいたらなかったはずです。しかし彼ら専門家たちがみな、最後の最後で踏んばれなかったのは、やはり日本の法学の根っこに、非常に知的レベルの低い「タブー」が存在したからでしょう。

この点は、社会科学の先進国であるドイツやフランスを見習う必要があります。この章のはじめのほうで書いたとおり、日本はすばらしい文化をもっている国ですが、政治指導者たちが論理的思考が苦手だという点だけは、どうごまかすこともできません。きちんと国家指導者たちが論理的思考のできるヨーロッパでは、このようなことは絶対に起こらないはずです。

なにしろ一九〇七年に改定されたハーグ陸戦条約（日本も一九一一年に批准しています）では、「占領地の法律の尊重」を定めた第四三条で、

「占領者は、絶対的な支障がないかぎり、占領地の現行法律を尊重する」

と定めているのです。「ポツダム宣言を守れ」とどんなに圧力をかけられたとしても、占領軍自身による憲法草案執筆なんて、絶対に受け入れるはずがありません。

たとえば日本と同じ敗戦国で、米英仏ソの四ヵ国による分割占領という、はるかに苛酷な状況におかれたドイツですが、憲法問題に関しては実に見事な対応をしています。

ドイツにも、日本と同じく占領軍の軍政長官がいて（西ドイツだけで米英仏の三人の軍政長官がいました）、彼らから文書を渡され、「この方針に沿って憲法を改正せよ」と圧力をかけられる状況は同じでした。現在の日本のように、首都を米軍基地で囲むという計画もありました。第二次大戦の戦後処理は、日本とドイツというふたつの敵国を、二度と自分たちに刃向かわないようにすることが最大の目標だったわけですから当然です。

しかし、やはりドイツは政治指導者や知識人がすぐれていた。まず占領中はいくら言われても絶対に正式な憲法をつくらず、一九四九年五月の独立時に各州の代表からなる議会代表会議によって、基本法（ドイツ連邦共和国基本法）という形で「暫定憲法」を定め、そのなかに、

「この基本法は、ドイツ国民が自由な決定により議決した憲法が施行される日に、そ

の効力を失う」（第一四六条）

という条文を入れています。当時ドイツは東西に分断されていたため、将来の統一時にあらためて正式な憲法を制定するとしたわけです（結局、統一後も基本法のままなのですが）。

敗戦国ではありませんが、フランスも見事です。第二次大戦中、ドイツ軍による占領を経験したフランスは、戦後一九四六年に制定された「第四共和国憲法」に、

「領土の全部もしくは一部が外国軍によって占領されている場合は、いかなる（憲法）改正手続きも、着手したり、継続することはできない」（第九四条）

という条文を入れています。

一読して、「ああ、そういうことだったのか」と、ひざを叩きたくなるような条文です。

「もし国土の一部でも占領されていたら、その間は絶対に憲法に手をふれてはならない」

これが世界標準の憲法に関する常識なのです。そうした常識があれば、占領が終わる前はもちろん、五〇万人（一九四六年時点）もの日本人が住む沖縄が議会に代表を送れない状況で憲法をつくっては絶対にならないという声が、きっと知識人のあいだ

から出たことでしょう。

本当は論争になるはずがない話

こうした問題をしつこくお話ししているのは、決して自虐趣味からではありません。一九四六年の段階で日本人は、近代憲法というものをよくわかっていなかった。そしていまでもよくわかっていない。驚くべきことに東大の憲法学教授たちもふくめてそうなのです。

すでにのべたとおり、日本国憲法草案の執筆について、GHQはかなり正確な事実を三年後に本に書いて、オープンにしています。そして彼らが書いた英語の草案と、現在の日本国憲法の条文をひとつひとつくらべてみれば、部分的な変更《マイナー・チェンジ》しかされていないことは、だれの眼にもあきらかです。

ですから現在、「日本国憲法はGHQが書いた」という事実を否定しているのは、世界で日本の左派(リベラル派)だけです。**ここに現在の日本の主権喪失状態が、アメリカのせいではなく、日本人自身の問題だという理由があります。本当は論争になるはずがない話なのです。**ところがいまだにそうした分裂がある。

個々の条文についても同じです。憲法九条を書いたのはマッカーサーか、それとも当時の首相だった幣原喜重郎《きじゅうろう》かで、戦後ずっと長い議論があります。

だれが条文の骨格を決めたのか、決める権利をもっていたのか

これほど基本的な問題をきちんと整理できず、七〇年以上も混乱した議論をしているのは、本当に大きな問題だと思います。

まず言えるのは、GHQが日本人の考えていた憲法草案を参考にしたとか、日本人のアイデアをとり入れたということは、「書いたのはだれか」という問題とはまったく関係がないということです。たとえばみなさんが企画書やレポートを書く場合でも、いろいろな資料を集めると思います。ある国についてのレポートを書くときは、その国の人が書いた文献を参照して、取捨選択をします。当然の話です。問題は、「だれが条文の骨格を決めたのか、決める権利をもっていたのか」ということです。それは一〇〇パーセント、GHQでした。一点の疑いもありません。敗戦直後の検閲があったころならともかく、七〇年たったいまもそこに混乱があるのは本当におかしい。

たしかに「占領軍が、被占領国の憲法草案を自分で執筆した」というのは、ほとんど聞いたことがないような異常な話です。受けとめるには、かなり心の痛みを覚悟しなければならないかもしれません。しかしなぜGHQがそういう異常なことをしたかという理由も、その細かな背景も、公文書によってはっきりわかっているのです。

少し長くなりますが、ご説明します。いくつかの歴史的偶然から、このきわめて異常な出来事は起こりました。そして注目していただきたいのは、そこに悪意はなかったということです。それがまた問題をわかりにくくしているのです。

憲法改正の権限を握ることになった極東委員会

まずマッカーサーは日本の憲法改正問題を、みずからのイニシアティヴのもとに処理したいと思っていました。その理由として、やはり一番大きかったのは昭和天皇の問題でしょう。マッカーサーは太平洋戦争の司令官として、日本軍兵士の強さをだれよりもよく知る人物でした。ところがその数百万もの日本軍が、八月一五日以降、天皇の命令でピタリと抵抗をやめ、粛々《しゅくしゅく》と占領軍の命令に従うようになった。米軍兵士の生死について責任を負う最高司令官としては、これほどありがたい存在はないわけです。

昭和天皇は現状を把握する力もすぐれているし、胆力もある。合意したことは必ず実行する。マッカーサーは第一回会見の時点で、自分がおこなう日本占領という大事業に、昭和天皇が絶対に欠かせない存在であることを確信したはずです。

一方、政治的日程としては、戦争犯罪を裁くための東京裁判の開廷が、三ヵ月後の五月三日（一九四六年）にせまっている。なんとか昭和天皇だけは守りたい。戦争責任を問われないようにして、占領政策がスムーズにいくよう協力させたい。しかし、オーストラリアやニュージーランドなど、連合国のなかには、日本の天皇も裁判にかけろという声が根強くあったわけです。アメリカ国民のなかにも有罪にしろという声が多かった。

そうした事態を避けるために、「天皇も日本も将来絶対に軍事的脅威になる可能性はない」という形で新しい憲法をつくる必要が、どうしてもあったわけです。

ところがくわしい事情は省略しますが、日本占領についての権限をめぐって米ソが対立し、その結果、極東委員会という、一一ヵ国からなる日本占領に関する最高決定機関がワシントンに設置されることになってしまいました。（『日本国憲法誕生記』佐藤達夫／大蔵省印刷局）

日本の憲法改正問題についても、この極東委員会の発足後は、GHQではなく、極東委員会が優先的な決定権をもつことになった。ですからさすがのマッカーサーも、自分が日本の憲法改正を手がけられるかどうか、確信をもてずにいました。発言の真意は不明ですが、マッカーサーは一九四六年一月二九日に、来日中の極東諮問委員会（極東委員会の前身）の調査団に対して、「日本の憲法改正問題は（略）自分の手を離れてしまった」とのべています。

極東委員会が発足する前に、日本人がつくったことにしてつくれ

ところが、そこで話は終わりませんでした。ここで登場するのが、私が二〇年前に会ったことのあるチャールズ・L・ケーディスという、本職は弁護士だった切れ者の大佐です。

彼はGHQによる憲法草案執筆プロジェクトの現場責任者をつとめた人物なのですが、そのケーディスが、GHQが憲法執筆をおこなう直前の一九四六年二月一日、マッカーサーに対して「憲法の改革《リフォーム》について」という報告書を提出しているのです。

これは極東委員会の発足を目前にひかえ、「日本の憲法改正に関し、マッカーサー元

帥が法的にどのような権限をもっているか」についてまとめたレポートでした。

　現在のこっているその報告書には、提出者としてコートニー・ホイットニー将軍（民政局長でケーディスの上司。ケーディスは民政局次長でした）のサインがありますが、のちにケーディス自身が、

「私が書いて、ホイットニー将軍の了承とサインを得てマッカーサー元帥に提出したわけです」

　とのべています。そして、

「その〔レポートの〕なかで、日本の憲法づくりをわれわれがもしやろうと欲すれば、その権限はあるのだ、という結論を出したのです」

　と証言しているのです。（『占領史録3』江藤淳編／講談社）

　そのレポートの内容を簡単にまとめると次の四点になります。

○マッカーサー元帥には、日本の憲法改正についての政策を決定する権限がある。
○ただしそれは極東委員会が発足するまでのあいだに限られる。

ケーディス民政局次長｜©共同通信社

○極東委員会が発足したあとは、マッカーサー元帥が憲法改正についてなにか命令しても、イギリス、ソ連、中国（中華民国）のうち、一ヵ国でも反対すれば拘束力をもたなくなる。

○**ただしその「命令」の意味は、**「マッカーサー元帥から日本政府に対する強制的な命令」という意味で、**日本政府自身によって提出された憲法改正案に対して元帥が承認をあたえるような行為についてはふくまれない。**

なぜGHQが自分たちで憲法草案を執筆したかという問題を考えるうえで、太字の部分が非常に重要です。つまり二月二六日に予定されていた極東委員会の第一回会議までは、マッカーサーは日本の憲法改正について、なんでもできる権限をもっている。

（↓だからそれまでに草案の骨格をGHQ側でつくって、日本政府に受け入れさせておけばよい。その法的な権限はあります）

また、極東委員会が発足したあとは、イギリス、ソ連、中国の主要国のうち一ヵ国でも反対するとなにもできなくなるが、日本国政府自身が提出した憲法改正案にマッカーサーが承認をあたえる過程については、だれも口出しすることはできない。

(→だから日本政府がGHQの草案を受け入れたあとは、日本政府自身に日本語の草案をつくらせ、それに承認をあたえる、あたえないという形で条文をコントロールすればよい。その法的な権限はあります)

そうケーディスは主張しているのです。

二重の密室

こうしたケーディス(とそれを承認した上司のホイットニー)の勧めにしたがって、マッカーサーは急いで憲法草案をつくることになったわけです。マッカーサーの了承を得たあと、実際に現場責任者となったのはケーディスですから、右の報告書のとおりやったということです。

ケーディスがこの報告書を提出した日と同じ一九四六年二月一日、毎日新聞が、当時日本政府(松本委員会)が作成中だった憲法改正草案を「スクープ」します。一般的な歴史書では、そのスクープを読んで、あまりに保守的な改正案であることに驚いたGHQが、独自の憲法草案作成に着手したということになっています(私も二〇年以上前に本をつくったときは、そう思っていました)。

しかし資料の裏づけがないので断定することはひかえますが、当時は新聞記事にGHQの事前検閲があったことを考えると、二月一日の毎日新聞の記事は独自のスクープでなかった可能性がきわめて高いと思います。掲載された憲法改正案は、前述した宮澤俊義（「八月革命説」の提唱者）が書いた草案で、しかも彼の弟は当時、毎日新聞の記者をしていたのです。状況証拠でいうと、まさに真っ黒だといっていいでしょう。さらに二月一日は、先にふれた来日中の極東諮問委員会の調査団が、ちょうど横浜からアメリカに向けて出航した日でもありました。国際的にも「密室」になった、まさにその瞬間だったのです。

ここで私たちがよくおぼえておかなければならないのは、彼らGHQのメンバーはこの直前まで、四年におよぶ世界大戦を戦ってきた軍人たちだということ、そしてアメリカの日本占領において憲法改正（＝民主的憲法の制定）は、もっとも重要なミッションと位置づけられていたということです。

ここ数年、アメリカ国務省や米軍に関する機密解禁文書を読み続けてきた経験からすると、彼らは最重要のミッションをあたえられたとき、徹底的にロジカルに行動します。あらゆる手を使って敵の情報を集め、分析し、次の行動を予想して、なにがあっても負けないという体制をつくってから動き始めるのです。

このあとPART4で国連憲章についてのべるつもりですが、その条文を確定したサンフランシスコ会議（一九四五年四月〜六月）でも、アメリカは同盟国（連合国諸国）に対し、盗聴を含めて猛烈な諜報活動をおこなっていました。新しい憲法草案の作成という日本占領の最重要プロジェクトが、しかも二五人ものスタッフを一週間以上拘束する大プロジェクトが、「日本の新聞記事を読んで、驚いてスタートした」などということは、絶対にありえません。

日本政府が作成中だった憲法草案の内容を、彼らがそのときまでまったく知らなかったということも、ありえません。あとでふれるように、草案執筆から日本側による受け入れまでのタイムスケジュールも、はっきりと設定されていました。一種の軍事行動だったと考えれば、わかりやすいと思います。

「押しつけ」は、昭和天皇を救うためという側面が強かった

その後、有名なマッカーサー三原則（その内容は「①天皇制の存続」「②戦争と戦力の放棄」「③封建制度の廃止」でした）にしたがって、二月四日から一二日にかけての九日間に密室でつくった憲法草案を、一三日に日本政府に提示し、「この内容に沿って

憲法を改正するように」と強く求めたわけです。

このGHQの行為が「押しつけ」だったか、そうでなかったかという表現上の問題については、過去の議論のなかで非常に感情的な色合いがついてしまっているので、本書ではできるだけ「GHQ自身による憲法草案の執筆」という言葉に置きかえて表現したいと思います。

しかし密室での草案執筆から日本政府への提示、そして日本語の条文を確定するまでの全プロセスが、GHQによって完全にコントロールされていたことは、資料的に見て議論の余地がありません。

ただし、GHQがそこまで強引なことをした理由は、実は日本人がなによりも大切にする天皇を守るためだという側面が強かった。そうした非常に複雑な、ひとことでは説明できないようなねじれがあるわけです。だからより大きな視点から見れば、一方的な押しつけではなく、日米合作だったということも、もちろん可能です。

けれども、そうしたさまざまな歴史的経緯が交錯するなかで、

「占領軍が被占領国の憲法草案を執筆し、それを被占領国自身が作成したことにした。それは西側諸国では他にほとんど類例のない、きわめて異常な出来事である」

このことだけは疑いのない事実です。非常に痛みをともなう作業ですが、この見た

くない事実を真正面から見すえ、あくまで事実に立脚した議論をしなければ、日本に未来はないでしょう。議論も許さない「絶対護憲主義」は、しょせん戦術論でしかありません。正しい歴史的事実にもとづき、本質的議論をおこなうべき時期にきているのです。

憲法という国家の根幹に大きな闇が生まれてしまった

その後、吉田茂外務大臣に手渡されたGHQの憲法草案は、日本政府内での協議と昭和天皇の了承をへて、その草案をもとに日本語の条文を作成することが閣議で決定されました。そして同日、内閣の法制局が正式な条文の作成作業に着手します。その日がまさに極東委員会の第一回会議が開かれる二月二六日だったのです。(『日本国憲法制定の過程Ⅱ 解説』高柳賢三・大友一郎・田中英夫編著/有斐閣)

そういった、まるで軍事行動のようなスケジュールで全体が計画されていたというわけです。

ホイットニーがどんな人物だったかという点については、よくわかっていません。ただ、とにかくボスが大事、マッカーサーが大事という人だったことはたしかで、その過剰な忠誠心によってこの一連の行為に承認をあたえたのだと思います。

一方、当時まだ三九歳と若かったケーディスは、あくまで本国の政府が決めた大きな方針（基本政策文書「日本の統治体制の改革［SWNCC《スウィンク》228］」）の枠内ではあるものの、理想主義的な見地から「新しい時代の、模範になるような憲法をつくりたい」と強く思っていたのでしょう。

彼は自分が執筆した憲法九条について、次のふたつのことをのべています。（『占領史録3』）

「〔九条をつくったアメリカ側の目的は〕日本を永久に武装解除されたままにおくことです。ただ自国保存の権利は留保しておく。言いかえれば、日本は防衛用の兵器類以外は、決してなにももたないということです」

「〔九条の執筆については〕『私が〔ひとりで〕やる』ということを自分から宣言しました。（略）〔その〕理由のひとつは、パリ不戦条約のなかにうたわれていること〔第一条「国際紛争解決のための戦争を否定し、国家の政策の手段としての戦争を放棄する」〕を思い出してそれを生かせるだろうと考えたからなのです。パリ条約ができたとき〔一九二八年〕、私は法律学校にいましたが、これは世界の歴史の一大転換点になるだろうと感じたものです」

つまり「敗戦国への懲罰」という大きな枠組みのなか、それを逆手にとる形で「人類究極の理想」を憲法に書きこもうとした。また、天皇という君主をのこしながら、完全な民主主義国として再出発することも憲法に書かなければならなかった。そうしたきわどい目標をクリアするためには、ぎりぎりのバランスで条文をつくる必要がある。だからホイットニーのメモにのこる、「日本側の憲法改正案が正式に提出される前に彼らに指針をあたえるほうが、われわれの受け入れがたい草案を彼らが決めて提出してきたあと、改めて書き直させるよりも、戦術としてすぐれていると考えたのです」(一九四六年二月二日「最高司令官のための覚書」)

というマッカーサーへの説明は、すなわちケーディスの本音でもあったと思います。

しかし戦後の日本社会を考えるうえで、彼らのこの行動はまさに決定的な意味をもっていました。占領軍が敗戦国の憲法草案を書いたという点ももちろん問題ですが、それを「日本人自身が書いたことにした」という点がなにより問題です。先にふれたように、この問題をめぐって日本人はいまだ大きな混乱のなかにあり、戦後七〇年たってもまだ二派に分かれて争っているのですから。

ひとことで言うと、憲法という国家の根幹に大きな闇が生まれてしまったのです。

占領中は検閲によって、ＧＨＱによる憲法草案の執筆は徹底的に日本人の眼から隠されつづけました。もしも眼に見える形で受け入れを強要されていたら、当然のことながら、占領終結と同時に、もう一度、自分たちでつくることになったでしょう。その内容が現在の日本国憲法にくらべて、すぐれたものになる可能性はゼロだったと私も思います。

しかしＧＨＱ憲法草案の良い点をできるだけ活かしながら、独立時に一度自分たちでつくっておけば、少なくとも現在のような、七〇年以上一文字も変更せず、そのあげくに立憲主義を否定する、まるで一八世紀にもどったような改正案をかかげた与党が選挙で圧勝するという、信じられないような状況は避けられたはずです。

「内容が良かったから、それでいいじゃないか」

すでにのべたとおり、そういう議論は、憲法に関しては完全なまちがいです。近代憲法とは、いくら内容が良くても、権力者からあたえられるものではないからです。

古くからたがいに占領したり、されたりをくり返してきたヨーロッパとはちがって、日本人にそうした政治的知恵がなかったことは責められませんが、国際的にはそれが常識であることは、いまからでも知っておく必要があるでしょう。

極限まで簡略化した「日本国憲法の真実」

このように、ＧＨＱが日本国憲法の草案を書いた経緯については、その事実関係も、動機も、すべてあきらかになっています。それなのになぜ、いまだに混乱がつづいているかというと、すでに説明した昭和天皇が演じた「美しい二重構造」に加えて、心理学的な問題もあるのです。

つまり「日本国憲法の真実」を極限まで簡略化すると、

①占領軍が密室で書いて、受け入れを強要した。
②その内容の多く（とくに人権条項）は、日本人にはとても書けない良いものだった。

ということになるからです。これが日本国憲法をめぐる「大きなねじれ」の正体です。

①と②は両方とも歴史のなかで実際に起こった事実なのですが、このふたつは論理

的には矛盾している。だから同時に受け入れることが非常にむずかしいわけです。いわゆる「認知的不協和」を起こしてしまう。

論理的には①が事実なら、②はまちがっているはずです。占領軍が他国の憲法を密室で書いて受け入れを強要したなど、本当にとんでもない話ですから。

逆に②が事実なら、①はまちがっているはずです。そんなにいいものを、なぜわざわざ密室で書いて押しつける必要があるのか。

だからこれまで後者、②の内容を非常に高く評価し、そのため①の歴史的事実を否定してきたのがいわゆる左派の人たちです。共産党や大江健三郎さん、井上ひさしさんなどです。

一方、①の事実を強調することで、②の内容を否定し、変更しようとする。国民に人権をあたえすぎているのが気に食わないから、後退させようというのが右派です。安倍首相や石原慎太郎・元東京都知事などです。

もちろん、どちらもまちがいです。正しくは①の歴史的事実をきちんと認めたうえで、②を超えるような内容の憲法を自分たちでつくるというのが、どこの国でも当たり前のあり方です。

憲法についての日本の悲劇は、「悪く変える」つまり「人権を後退させよう」という勢力と、「指一本ふれてはいけない」という勢力しかいないことです。「良く変える」という当然の勢力がいない。もちろんそれは、変えると必ず悪くなってしまうという現実があったからでしょう。後述する密約（↓三五五、三五六ページ）にあるように、戦争ができるようになった「日本軍」を、自分たちの指揮のもとで使いたいという欲求が米軍には過去六〇年間ずっと存在している。

そうした「戦争への道」を食い止めるため、「指一本ふれてはいけない」という護憲神話が、これまで戦術論として有効だったことは事実だと思います。しかし、そうして問題を先送りできる時期は過ぎました。二〇一四年七月一日、安倍政権は安保条約や地位協定にはいっさい手をつけぬまま、歴代自民党政権が自粛してきた「集団的自衛権の行使容認」という解釈改憲をついに強行しました。このままでは、おそらく日本が海外で、アメリカの侵略的な戦争に加担することを止められないでしょう。

それなら、ちゃんと書き直して、本当にそうした戦争をできなくしてしまえばいい。核兵器や原発がいやなら、それも憲法に書けばいい。日本以外の国では、どこでも普通にやっていることです。過去の歴史、本当の事実にもとづき、本質的な議論をしなければならない時期にきているのです。

事実を公開するアメリカと、隠蔽したまま進んでいく日本

　ここまでお話ししたとおり、天皇の布告文、人間宣言、日本国憲法、サンフランシスコ平和条約、日米安保条約など、占領期につくられた重要な文書はすべて、最初は英語で書かれています。GHQの許可がないと重要なことはなにも決められなかった時代ですから、よく考えると当然です。つねに正式な条文は英語によって書かれ、日本語の条文は「正本に対する副本」という関係にありました。

　問題はそれが独立後も継続していることです。実は実質的には現在も、日米間の重要な取り決めは、すべて英語が正文、日本語は「仮訳《かりやく》」、つまり仮に訳しただけで、正式なものではないという形になっています。最近は外務省のホームページにも堂々と「仮訳」と表示して、さまざまな取り決めの条文がのっています。

　現在の日本の国家体制は、すべて占領中に成立したそうした形が基本になっています。まずアメリカ側が基本方針を決める。それにあわせて日本側がアレンジする。アレンジして、実は自発的にやったんだ、だから対等なんだというフィクションをつくる。

しかしアメリカ側はしばらくたつと、自分たちが要求したという事実を文書で公開するわけです。先にふれた『日本の政治的再編』（二〇六ページ）が良い例です。他国の憲法草案を執筆したという、国際的に大きな批判が予想される行為を、わずか三年後にはもう公開しています。

一方、日本側は、アメリカから指示があったことは隠蔽し、すべて日本が主体的に選択したことだと共同体のなかだけで合意する。情報よりも共同体の合意を重視する「寄り合い民主主義」のなかで、事実を検証せず、虚構のまま進んでいく。

この章の冒頭でふれた、すでに公文書が公開された日米間の密約について、「密約はあったが、現実の状況には影響をおよぼさなかった」などと平気でのべる御用学者たちがその典型です。

そこがアメリカと日本の最大のちがいです。PART1でお話ししたとおり、アメリカは自分に不利な事実も三〇年たつと、すべてではありませんが、かなり公開します。そのことで国家としてのインテグリティ、整合性をきちんと維持していく。それが失われるとどれほど恐ろしいことになるか、彼らはよく知っているからでしょう。歴史をいいかげんにあつかうことの怖さを知っている。

逆に日本人はその恐ろしさをまったく知らず、歴史を非常にいいかげんにあつかっている。だから平気で都合の悪い公文書を廃棄し、改ざんし、そのときそのときで「安保村」にとって都合のいいストーリーだけを、御用学者たちに「事実」だと認定させているのです。

ひとりの人間にたとえて考えてみてください。そもそも過去の記憶がなければ、個人としての統合性がたもてるはずはありません。現在の日本の混迷の大きな原因のひとつは、国家全体が過去の記憶を隠蔽・廃棄し、その当然の結果としてインテグリティを喪失した状態になっているというところにあるのです。

なぜ日本人は自分たちでまともな憲法を書けないのか

先ほどの「だれが書いたか」論争にもどりますと、すべての重要問題について、まずアメリカ側が基本方針を決める。日本側はそのなかでアレンジする。その間、何度も何度も日米間で文案が往復する。こうした構図ですから、最終的な文言、文章表現をだれが書いたかという問題は、本質的な意味をもちません。多くの人がかかわっていますし、主観的にはどちらとも言える。

人間宣言を例にとると、作成にかかわった学習院事務官・浅野長光氏のメモでは、内容確定までの流れは左のようになっています。これは英文の草案が日本側にわたったあとのプロセスを描いたメモで、おそらく前半が昭和天皇の意向を打診し、文案を相談した段階、後半が正式な文章を確定した段階だと思います。もちろん、これだけが正しいというわけではありません。おそらくかかわったそれぞれの人ごとに、それぞれの目から見た作成過程があるでしょう。日本政府とGHQのちょうど接点に位置した学習院からは、全体の流れがこう見えたということです。

前半「原案（ブライス学習院教師・作成）→石渡《いしわた》宮内相→昭和天皇→石渡→大金《おおがね》宮内省次官、浅野学習院事務官→（吉田外相→幣原首相→吉田）→大金→浅野→ブライス」

後半「ブライス→ヘンダーソンGHQ民間情報教育局課長＋ダイク同局長→マッカーサー元帥→マッカーサーの承認→ブライス→浅野→石渡、大金→昭和天皇→幣原→閣議→公布」

人間宣言のような非常に短い文章でさえ、これほど複雑な「日米合作」の過程をへて、発表されているのです。日本国憲法や九条をだれが書いたかという問題を、個人の名前をあげて議論することに、いかに意味がないか、おわかりいただけると思います。

だから人間宣言も日本国憲法も、書いたのは個人ではない。大枠を決めてこれでいけと言ったのがGHQ、その枠のなかで自主性を発揮し、アレンジしたのが日本側。これでもう無益な論争に終止符を打つことにしてはどうでしょうか。

問題は、私たち日本人は一九四六年も、そして二〇一二年（自民党改憲案）も、二〇一七年（安倍改憲案）も、国際標準のまともな憲法を自分たちで書く力がなかったということです。個人でいくら正しいことを言っている人がいても、それは意味がないのです。そうした意見をくみあげ、国家レベルでまともな憲法を書く能力が、いまも昔も日本にはない。その問題を、これから解決していく必要があるのです。

1941年８月14日、イギリスの戦艦プリンス・オブ・ウェールズの艦上で、大西洋憲章に調印するルーズベルト（左）とチャーチル（右）｜©AP/アフロ

PART 4
安保村の謎②
国連憲章と第２次大戦後の世界

戦後日本（安保村）の歴史を考えるうえで、昭和天皇や日本国憲法とならぶ、もうひとつの重要なポイントがあります。

いったい、なにか。

それは、日本は第二次世界大戦における敗戦国だということです。

「そんなことくらい知ってるよ。お前はなにを言ってるんだ」

と、みなさんおっしゃるはずです。しかしわれわれ日本人は、本当はその意味がよくわかっていない。理由は第二次大戦後、すぐに「冷戦」というもうひとつの大きな戦争が始まり、そこでは日本はアメリカの保護のもと、ずっと戦勝国側にいたからです。

第二次大戦の敗北によって、日本は世界の最底辺国に転落しました。しかしそうした状況のなか、戦後世界の覇者となったアメリカに対し、徹底した軍事・外交面での従属路線をとることで、第二次大戦の敗戦国（最底辺国）から、冷戦における戦勝国（世界第二位の経済大国）へとかけあがっていった。これが敗戦後、昭和後期の日本に起きた出来事です。

「連合国」と「国連」

しかし冷戦というのは、終わってみれば、しょせん「第二次大戦後の世界」という非常に大きな歴史的枠組みのなかの、ひとつの局面、フェイズでしかなかった。くしくも昭和天皇が死去し、同時に冷戦が終わった一九八九年以降、そのことがしだいにあきらかになってきました。

米中の経済面での接近が、その代表的な現象です。

たとえば中国が尖閣《せんかく》問題で日本を非難するとき、国連総会でこんな演説をします。

「日本政府による尖閣諸島の購入（二〇一二年：野田政権）は、世界反ファシズム戦争における勝利という結果への公然たる否定で、戦後の国際秩序と国連憲章への挑戦でもある」（楊潔篪《ようけっち》・中国外交部部長＝二〇一二年）

私たち日本人はこれを聞いて、

「なにをわけのわからないことを言ってるんだ」

と思います。しかし、これは日本以外の国の人にとっては当然の表現、少なくともすぐに意味がわかる表現なのです。

なぜ日本人にだけ、よく意味がわからないのか。それは、これまた安保村特有の問題なのですが、翻訳によるトリックの問題があるのです。つまり、「国連」と「連合国」をちがう言葉で訳している。これは私が知るかぎり、世界で日本と韓国だけです。英語ではもちろんどちらも“United Nations”、そこでは中国は拒否権をもつ五大国のひとつです。そして国連憲章の正文のひとつである中国語の条文では、憲章の名は、はっきり「連合国憲章」と表記されています。

つまりそもそも国連の本質は「第二次大戦の戦勝国連合」であり、冷戦下においてもその枠組みは維持された。そのなかで中国（中華人民共和国）は、拒否権をもつ安全保障理事会・常任理事国（五大国）という特権的地位にある。

一方、そうした戦後の国際秩序（国際法）のなかでは、日本は現在も「敵国」という最下層国に位置づけられたままだということ。これは日本以外の国では周知の事実です。

戦後世界の原点——大西洋憲章

そうした「世界の常識」を知っていただくために、どうしてもここで読んでもらいたい文書があります。

二〇一二年、『戦後史の正体』（孫崎享著）を刊行したとき、巻末にポツダム宣言の現代語訳をのせました。私自身それまで読んだことがなく、その内容に目からウロコが落ちる思いがしたからですが、読者の方からも、

「初めて読んだ。驚いた」

「これこそ『戦後日本』の原点だ。この内容が隠蔽されているから、議論がかみあわないのだ」

などという言葉が、数多く寄せられました。

そこで本書では、もうひとつの非常に重要な文書をやはり現代語訳で紹介したいと思います。ポツダム宣言が「戦後日本」の原点なら、こちらは「戦後世界」の原点です。

その名は、大西洋憲章（正式名称は「イギリス・アメリカ共同宣言」）といいます。

ポツダム宣言と同じく、名前だけはみなさん聞いたことがあるかもしれません。しかしその内容については、ほとんどご存じないはずです。ポツダム宣言もそうですが、この大西洋憲章もまた、戦後日本の圧倒的主流派である安保村にとって、非常に都合が悪いものだからです。

私も長年、世界史の本を数多くつくりながら、この条文をきちんと読んだことがありませんでした。ポツダム宣言と同じく、「漢字＋カタカナ」の文語体で書かれていて、読む気になれなかったからです。

しかしいざ実際に読んでみると、その内容は本当に驚くべきものでした。「第二次大戦後の世界」の基本的な枠組みは、この一九四一年八月に出された短い共同宣言のなかに、ほとんどすべて書かれているのです。

左にその条文をご紹介してあります。太字の部分だけでいいので、まず読んでみてください。

大西洋憲章（Atlantic Charter）

（正式名称は「イギリス・アメリカ共同宣言」The Anglo-American Joint Declaration）

［場所］　大西洋上　イギリス戦艦「プリンス・オブ・ウェールズ」

［年月日］　一九四一年八月一四日　調印

アメリカ合衆国大統領（フランクリン・ルーズベルト）と、イギリス王国首相

ウィンストン・チャーチルは、大西洋上において会談をおこなった。(略)

ふたりはつぎのような共同声明に合意した。(略)

一、両国は、領土その他の拡大を求めない。

二、両国は、当事国の国民が自由に表明した希望と一致しない領土の変更は望まない。

三、両国はすべての民族が、自国の政治体制を選択する権利を尊重する。両国は、かつて強制的に奪われた主権と自治が、人びとに返還されることを望む。

四、両国は、現存する債務関係について正しく配慮しながら、すべての国家が、大国、小国を問わず、また戦勝国、敗戦国にかかわらず、経済的繁栄のために必要な、世界における商取引と原料の確保について、平等な条件で利用できるよう努力する。

五、両国は、改善された労働条件、経済的進歩および社会保障をすべての人びとに確保するため、経済分野におけるすべての国家間の完全な協力が達成されることを希望する。

六、両国は、ナチスによる暴虐な独裁体制が最終的に破壊されたのち、すべての国民がそれぞれの国境内で安全に居住できるような、またすべての国の民族が恐怖と欠乏から解放されてその生命をまっとうできるような平和が確立されることを望む。

七、そのような平和は、すべての人びとが妨害を受けることなく、公海・外洋を航行できるものでなければならない。

八、両国は、世界のすべての国民が、現実的または精神的な理由から、武力の使用を放棄するようにならなければならないことを信じる。もしも陸、海、空の軍事力が、自国の国外へ侵略的脅威をあたえるか、またはあたえる可能性のある国によって使われつづけるなら、未来の平和は維持されない。そのため両国は、いっそう広く永久的な一般的安全保障制度〔permanent system of general security＝のちの国連〕が確立されるまでは、そのような国々の武装解除は不可欠であると信じる。両国はまた、平和を愛する諸国民のために、軍備の過重な負担を軽減するすべての実行可能な措置を助け、援助する。

フランクリン・D・ルーズベルト
ウィンストン・チャーチル

八月一四日のポツダム宣言受諾は、「大西洋憲章の勝利」を意味していた

この文書を読んでなにより驚かされるのは、この共同宣言が調印された一九四一年八月といえば、イギリスはヨーロッパ戦線でドイツに連戦連敗している最中で、アメリカにいたってはまだ戦争に参加もしておらず、四ヵ月後にようやく真珠湾攻撃が起こる、そんな時期だということです。

それなのに八つの合意事項をひとつずつ読んでみてください。そこに書かれているのは、これから始まる現実の世界大戦についてではなく、すべて「戦後の世界」についてだ。しかも自分たちがその戦いに勝利することを前提とした、「戦勝後の世界」についての基本構想なのです。

さらに、この共同宣言が調印された日付をご覧ください。一九四一年の八月一四日となっています。びっくりしませんか？　ちょうど四年後の同じ日に、日本がポツダム宣言を受諾して第二次大戦が終わる、その同じ八月一四日なのです。

もちろん四年後の戦況があらかじめわかるはずはありませんが、一九四五年七月二六日のポツダム宣言、八月六日の広島、九日の長崎への原爆投下とつづく戦争終結計

画のなかで、この日付がひとつのゴールとして設定されていたことはまちがいないでしょう。アメリカの異民族支配における日付へのこだわり、シンボル操作というものは徹底しているからです（当初アメリカ政府は、ソ連は八月一五日まで参戦しないと考えており、その前日の一四日までに日本を降伏させたいというのが、トルーマン大統領とバーンズ国務長官の「時刻表《タイム・テーブル》」でした）。（『暗闘』長谷川毅／中央公論新社）*

すでにヨーロッパで、ドイツ対イギリス・フランスの戦いとしておこなわれていた大規模な戦争を、これから世界大戦に拡大させる。そのうえでその戦いに勝利し、戦後世界を英米同盟（the Anglo-American Alliance）によって運営していく。そのことが、この一九四一年八月一四日の共同宣言によって合意された。そして見事、四年後の同じ日、計画どおり戦いに勝利したというわけです。あまい見通しのもとに戦争に突入し、自国の兵士を大量に餓死させるような計画ばかり立てていた日本政府にくらべて、なんという違いかと思わずにはいられません。

そして恥ずかしながら、私もつい最近まで知らなかったのですが、この大西洋憲章（英米共同宣言）の理念がのちに国連憲章となり、第二次大戦後の国際社会の基礎となっていくのです。

その大きな流れのなかで、日本国憲法もまた、成立することになります。

もう一度、大西洋憲章の条文を見てください。「平和を愛する諸国民《ピース・ラビング・ピープルズ》」（第八項）や、「すべての国の民族が恐怖と欠乏から解放されてその生命をまっとうできるような平和の確立」（第六項）といった言葉は、どちらもほぼそのまま日本国憲法の前文に使われています。

さらには第八項に書かれた「世界のすべての国民が、武力の使用を放棄するようにならなければならない」という基本理念が、憲法九条に受けつがれていくことになるのです。

ですから少し遠まわりかもしれませんが、いま私たち日本人が直面している大きな謎を解くためには、日米戦争がまだ始まってもいないこの時期まで歴史をさかのぼる必要が、どうしてもあるのです。

＊―たとえば東京裁判（極東国際軍事裁判）で、A級戦犯の起訴は一九四六年四月二九日（昭和天皇の誕生日）におこなわれ、死刑判決を受けた七人への刑の執行（絞首刑）は、それから二年八ヵ月後の一九四八年一二月二三日（当時皇太子だった明仁天皇の誕生日）におこなわれています。さらに東京裁判が開廷した一九四六年五月三日のちょうど一年後、一九四七年五月三日には日本国憲法が施行されています。

ＰＡＲＴ３でふれたドイツの基本法（事実上の憲法）も、議会評議会で可決されたのは一九四九年五月八日。ドイツが連合軍に無条件降伏した「ヨーロッパ戦勝記念日」から、ちょうど四年後の同じ日でした。ドイツは日本ほど占領軍の言いなりではありませんでしたが、こうした「日付の一致」について、アメリカ側からの圧力はもちろん存在したはずです。

「連合国」の成立――二六ヵ国の巨大軍事協定

大西洋憲章の内容は、お読みになるとわかるように、「領土不拡大」や「民族自決（自国民による政治体制の選択）」の原則、「すべての国の民族が恐怖と欠乏から解放されるような平和の確立」「武力行使の放棄と世界的な安全保障システムの確立」など、非常に理想主義的なものでした（八項目のうち六項目は、第一次大戦の末期に出されたアメリカ大統領ウィルソンの「一四ヵ条の平和原則」の流れをくむものです）。

この英米二ヵ国による共同宣言を発表したあと、ルーズベルトとチャーチルはソ連と中国（中華民国）をその世界構想にとりこみ、約四ヵ月後の一九四二年一月一日、左のような二六ヵ国からなる巨大な軍事協定（共同宣言）を成立させたのです。

連合国共同宣言（Declaration by United Nations）

［場所］ ワシントンDC ［年月日］ 一九四二年一月一日

［署名国］ **アメリカ合衆国、イギリス王国、ソヴィエト連邦、中国〔中華民国〕**、オーストラリア、ベルギー、カナダ、コスタリカ、キューバ、チェコスロバキア、ドミニカ共和国、サルヴァドル、ギリシャ、グァテマラ、ハイチ、ホンジュラス、インド、ルクセンブルク、オランダ、ニュージーランド、ニカラグア、ノルウェー、パナマ、ポーランド、南アフリカ、ユーゴスラビア

この宣言に署名した国の政府は、大西洋憲章として知られる一九四一年八月一四日付のアメリカ合衆国大統領とイギリス王国首相の共同宣言にふくまれた目的および原則に関する共同綱領書に**賛成し、これら〔署名国〕**の政府の**敵国に対する完全な勝利が、**生命、自由、独立および他国の国土において**人類の権利および正義を保持するために必要であることならびに、これらの政府が、世界を征服しようとしている野蛮で獣のような軍隊に対する共同の戦いに現在従事していることを確信し、**次のとおり宣言する。

一、各政府は、〔日独伊〕三国条約の締約国および条約の加入国でその政府が戦争をおこなっているものに対し、政府の持つ軍事的または経済的な資源のすべてを使用することを誓う。

二、各政府は、この宣言に署名した国の政府と協力すること、また敵国と単独で休戦または講和をおこなわないことを誓う。

この宣言は、ヒトラー主義〔ナチズム〕に対する勝利のための戦いにおいて、物質的援助または貢献をおこなっているか、またはおこなうことのある他の国が加入することができる。

参加国のあいだではこの宣言文のとおり、日本、ドイツ、イタリアなどのいわゆる枢軸国《すうじくこく》に対し全力で戦うこと、他の署名国と協力すること、単独で休戦したり講和したりしないことが合意されました。

このときルーズベルトのアイデアによって、はじめて「連合国」(United Nations)という言葉が使われることになりました。すでにのべたとおり、これがのちにそのまま日本語の「国連」をあらわす言葉となります。

右手でソ連、左手で中国と手を握った英米同盟

こうした第二次大戦の歴史を見ていくと、アメリカ、イギリス両国の構想力と、「コーディネート力」とでもいうのでしょうか、組織づくりのうまさに感心させられます。というのも、大西洋憲章からわずか四ヵ月で二六ヵ国の巨大な国家連合（連合国＝United Nations）を成立させたこともそうですが、その加盟国は大戦末期までに四七ヵ国に増え、さらに戦後は憲章をつくって国際機関に衣替えし、現在は二〇〇ヵ国近い加盟国をもつ「国際連合（United Nations）」となっているからです。

しかしその本質は、あくまでも「英米同盟」を中心とした世界運営にあります。

この英米同盟に、まず社会体制のまったくちがうソ連を引き入れ、三国主導体制を確立する。そのあと日本にかわるアジアの代表として、中国（中華民国）を加える。

その四ヵ国（Big Four）が「世界の警察官」となり、戦後世界をリードするという構想が、一九四三年一一月のテヘラン会談以降、ルーズベルトによって提唱されるようになりました。

もっとも、戦争最末期のポツダム宣言が、当初はアメリカ、イギリス、中国の三ヵ国によって出されているのを見てもわかるとおり、米英ソ中の四ヵ国が一堂に会して何かを決めるということは、ほとんどありませんでした。

つねに「英米同盟＋ソ連」、または「英米同盟＋中国」という形で、英米がいわば右手でソ連、左手で中国と手を握って、とくにソ連とはあらゆる局面でぎりぎりの交渉を重ねながら、第二次大戦を戦っていった。さらに言えば、そもそもアメリカとイギリスのあいだにも、戦後の覇権争いを見すえて、乗り越えなければならないさまざまな対立があったのです。

この事実は、日本とドイツ、イタリアとの三国同盟が、結局軍事的になんの連係プレーもできないまま終わったことを考えあわせると、非常に大きな意味をもっています。軍事力だけでなく、政治的スキルにおいて日本とアメリカ・イギリスは、まさに大人と子どもほどのちがいがあったのです。

国連憲章の原型——ダンバートン・オークス提案

そうして戦争が終わり、大西洋憲章をもとにつくられた国連憲章が発効して（一九四五年六月二六日調印、一〇月二四日発効）、「戦後世界」が幕をあけることになります。しかしその前にもうひとつだけ、このふたつの憲章のあいだに位置する「国連憲章の原案」について説明させてください。その条文の名は「ダンバートン・オークス提案」といいます。

この「国連憲章の原案」は、一九四四年八月から一〇月にかけて、ワシントンＤＣのダンバートン・オークス（地名）で、アメリカ、イギリス、ソ連、中国（中華民国）の四ヵ国の協議によってつくられたものでした（ただし実際の話し合いは、八月二一日～九月二八日は米英ソで、九月二九日～一〇月七日は米英中でおこなわれています）。

なぜこれが重要かというと、それから約一年半後の一九四六年二月にＧＨＱが作成した日本国憲法草案、とくにその戦力放棄条項（のちの第九条二項）は、国連憲章そのものよりも、むしろこの原案に書かれていた国連の基本理念を見たほうが、その本質が理解しやすいからです。

原案にあった理想主義的な「世界政府構想」が、日本国憲法九条二項を生んだ

戦争とは言うまでもなくこの世の地獄です。自分は絶対に戦場に行かず、しかもっねに戦勝国側にいて利益を得ることができる。そうした確信（または妄想）をもつ、ごくひとにぎりの人間以外、なんとかして世界から戦争をなくしたいと考えるのは人間の本能でもあります。

しかしそのための具体的な方法となると、さまざまな立場に分かれてしまいます。大きく分けるとまず、非常に理想主義的に、世界政府をつくってそのもとであらゆる国が戦力放棄をするという考え方があります。

一方、そんな理想主義は機能しない。人間の悪を内包しないユートピア思想は、逆に最悪の地獄を生むだけだ。現実の平和は、大国（軍事的強国）間の勢力均衡《バランス・オブ・パワー》によってもたらされるもの以外にありえない、という考え方もあります。

そうした意味から言えば現在の国連は、前者の理想主義的な枠組みのなかに、安全保障理事会という五大国による「擬似的バランス・オブ・パワー機能」を組みこんだ、なかなかよく考えられた世界的安全保障システムだと思います（ですから私たち日本人は、あくまでこの枠組みを前提としたうえで、それを少しずつ改良し、そのなかで自国の国際的地位を上げていくしか選択肢はありません。枠組みそのものを急激に変えるには、第三次世界大戦を引き起こすしかないのですから）。

しかし、ここでよくおぼえておいていただきたいのは、国連憲章の原案である「ダンバートン・オークス提案」は、現在の国連憲章より、もっと理想主義的な色彩が強いものだったということです。ちがっている点はいくつかありますが、そのもっとも大きなものは、

「一般の加盟国に、独自に戦争をする権利を認めていなかった」

という点にあります。具体的には、この八ヵ月後に書かれた国連憲章に入った「個別的自衛権」と「集団的自衛権」という概念は、ダンバートン・オークス提案には存在しなかったのです。

もちろん自国が攻撃されたときに反撃する、いわば正当防衛としての自衛権（＝個別的自衛権）は、どんな時代でも認められてきたというのが国際法上の定説です（ですから「個別的自衛権」については、この段階で明文化されたことにほとんど現実的な意味はなく、「集団的自衛権」という国連の精神に反する概念を正当化してみせる意味合いから、並んで表記されたものと思われます）。

しかしそれ以外のケースでは、国連の一般加盟国は「安全保障理事会の許可があったときに」「地域の安全保障機構のメンバーとしておこなう」場合しか、軍事力を行使することができない。一方、五大国（安保理常任理事国）だけは「国連軍」という形で加盟国から兵力を集め、それを自分たちの判断で軍事行動に使うことができる。

戦争する法的権利を独占的にもつ。これが国連の本来の安全保障構想だったのです。

もしこのダンバートン・オークス提案がそのまま実現していたら、安全保障理事会は人類史上、空前とも言える強大な権限をもつことになり、国連ではなく安全保障理事会そのものが、一種の「世界政府」(=軍事力をともなう支配体制)のような存在になっているところでした。

そのような、国連安全保障理事会だけが「世界政府」として軍事力の使用権を独占し、ほかの国はそれをもたないという、国連憲章の原案(ダンバートン・オークス提案)にあった理想主義的構想が、のちに日本国憲法九条二項が執筆される大きな前提となっているのです。

その後、国連憲章が成立する過程で、ダンバートン・オークス提案にはいくつかの重要な修正がほどこされることになりました。すでにのべたとおり、「集団的自衛権」というまったく新しい概念が憲章に明記されたことが、その最大の修正です。この、それまでどこにも存在しなかった、しかも国連憲章にはなにも定義のない「例外規定」によって、「個別国家の戦争=違法」という国連の理念がその後、すっかり形骸化してしまったことは、みなさんよくご存じのとおりです。

しかしここで**重要なのは、世界政府構想の核心である国連軍構想は、GHQが日本**

国憲法草案を書いた一九四六年二月の時点で、まだ生きていたということです。

まったく同時期の二月一日、五大国（安保理常任理事国）の参謀総長がロンドン（第一回国連総会が開催中でした）に集まり、各国が兵力を提供し、それを安全保障理事会が一元的に利用するという、国連憲章内に明記された正規の国連軍について、具体的な議論が開始されようとしていたのです。

人類究極の夢「憲法九条二項」と、マッカーサーの暴走

この第一回軍事参謀委員会は、ちょうど一週間前（一月二五日）に採択された国連安保理の初めての決議（「国連安保理決議第一号」）によって、二月一日に招集されることが決定されていたものでした（実際に会議が開かれたのは二月三日）。ですからマッカーサーもケーディスも、もちろん大きな関心をもって、その推移を見まもっていたはずです。そう考えると一九四六年二月一日という日は、日本国憲法にとってさまざまな出来事が激しく交錯し、ギリギリの状況のなか大きな決断が下された、まさに「運命の一日」だったと言えるかもしれません。

その二日後の二月三日、マッカーサーが日本国憲法をつくるにあたって部下たちに

示した「マッカーサー三原則（マッカーサー・ノート）」には、九条のもとになった「戦争と戦力の放棄」についてこう書かれていました。

「国権の発動たる戦争は、廃止する。

日本は、紛争解決のための手段としての戦争、さらに自己の安全を保持するための手段としての戦争をも、放棄する。

日本はその防衛と保護を、いまや世界を動かしつつある崇高な理想にゆだねる。

日本が陸海空軍をもつことは、今後も許可されることはなく、交戦権が日本軍にあたえられることもない」

この日本の防衛をゆだねるべきとする「いまや世界を動かしつつある崇高な理想」が、具体的にはすでに説明した国連の世界政府構想、つまりまさにロンドンで議論が始まろうとしていた正規の国連軍構想を意味していたことはあきらかです。

ここからは私の想像になりますが、第二次世界大戦最大の英雄であるマッカーサーは、そうした人類史上初の世界政府軍を統率する人間には、もちろん自分がもっともふさわしいと思っていたはずです。父アーサーの時代から親子二代にわたり、実質的な植民地総督のような地位にあったフィリピンには、すでに一九三五年に、「フィリピンは国家の政策を遂行する手段としての戦争を放棄する（略）」（第二条三項）

　という不戦憲法ができていました。だから沖縄とフィリピンにアメリカが強力な空軍と核兵器を配備して、日本とフィリピンというふたつの戦争放棄国家を防衛する。そして実際の戦闘は国連安保理の決定のもとにおこなうという形にすれば、それこそまさにダンバートン・オークス提案以来構想されてきた、もっとも望ましい形の国連軍ということになります。

　マッカーサーはこの日本国憲法の「戦力放棄条項」の執筆を指示した時点で、すでに二年後の大統領選に出馬する決意を固めていました。西太平洋地域でそうした国連軍のモデルをつくり、アメリカ大統領になってその「崇高な理想」を世界規模で実現しよう。世界平和をリードして、世界史に名を刻もう。そう考えたのではないかと私は思います。彼はアメリカ陸軍史上最高の秀才で、自分をシーザーやナポレオンなど、歴史的偉人とつねに比較している、非常に自己愛の強い人物でした。

　また当時三九歳だったケーディスも、その構想が実現したあかつきには、当然自分もマッカーサー直属の高官として、人類史上初の世界政府軍を指揮する日を夢見ていたことでしょう。

一方、**本国の国務省は、この間の事情をまったく知りませんでした。GHQ自身による日本国憲法草案の執筆は、マッカーサーとその側近たちによる完全な「暴走」だったのです。**

その後、冷戦の始まりを受けて、五大国による国連軍創設のための会議（軍事参謀委員会会合）は、なんの成果も得られないまま一九四八年に打ち切られることになりました。同じ年におこなわれた大統領選（予備選）で、マッカーサーもまた無残な敗北を喫してしまいます。そして最終段階で憲章に加えられた「集団的自衛権」という例外規定が、やがて猛威を振るい始め、「個別国家の戦争＝違法」という国連の理念はその実体を失っていきました。

その結果、日本国憲法九条二項は現実の世界における基盤を完全に喪失してしまうことになったのです。歴史的に見れば、それはたしかに戦後、ごく短い二、三年のあいだ、人類究極の夢として、現実世界で機能する可能性をもった条文でした。そこに戦争で苦しんだ日本人が夢をたくし、長くその理想を大切にしてきたことは当然だと思います。

けれども正規の国連軍構想が消滅した一九四八年以降、思想としてではなく、現実の政策として九条二項を支持することは、やはりユートピア思想だと私は思います。その結果として起きている現実は、米軍による日本全土への永久駐留であり、民主主義国家アメリカの「基地帝国化」だからです。

敵国条項（enemy state clause）

現在、国連の安全保障理事会常任理事国は、ダンバートン・オークス提案を作成した四ヵ国（Big Four）にフランスを加えた五ヵ国となっています。

この五ヵ国だけが、国連のなかで「拒否権」という絶大な特権をもっている。憲章で主権平等の原則（第二条一項）をうたいながら、他の加盟国とはあきらかな格差があるのです。

しかし私たち日本人が知らなければならないのは、戦後世界にはもうひとつ、とんでもない差別があるということです。それが敗戦国である日本やドイツを対象とする、いわゆる「敵国条項」（国連憲章第五三条、一〇七条）です。この条項のもと、戦後日本は国際法上もっとも下位の位置から、再スタートを切ることになったのです。

その後すぐに冷戦が勃発したため、私たち日本人は、西側自由主義陣営は自分たちの味方で、中国やソ連などの共産圏は敵側だと思ってきました。たしかに現在の中国（中華人民共和国）は、アメリカとともに第二次大戦を戦った中華民国とは別の国です。それどころか現在の中国はアメリカにとって、朝鮮戦争という、「冷戦《コールド・ウォー》」ではない「本当の戦争《ホット・ウォー》」を戦った正真正銘の「敵国」でもあります。

けれども冷戦の時代が終わり、あとに残された国連の枠組みを見てみると、本質的な対立は戦後一貫して、戦勝国である連合国側（＝平和を愛する諸国 peace-loving states）と、日本、ドイツという敗戦国（＝敵国 enemy states）のあいだに存在したということもできます。少なくとも七〇年近くにわたって国際社会には、そうした明確な差別構造が法的に存在しつづけているのです。敵国条項が適用される国の名は、国連憲章に書かれていません。定義としては、

「第二次世界大戦中にこの憲章のいずれかの署名国の敵だった国」（第五三条二項）

となっており、日本、ドイツ、イタリア、ブルガリア、ハンガリー、ルーマニア、フィンランドの七ヵ国を意味するというのが定説になっています。しかしそのうち日本とドイツ以外の五ヵ国は、すべて大戦中に枢軸国側から離脱し、日本とドイツに対して宣戦布告をおこなった国々です。そうした意味で真の敵国条項の対象国は、当初

から日本とドイツの二ヵ国だけだったと言えるでしょう。

国連憲章第五三条

そうした戦後世界の枠組みのなかで、日本とドイツという敗戦国が法的にどう位置づけられているか、国連憲章の条文に沿って、もう少しお話ししておきます。

国連憲章は言うまでもなく、戦後の国際社会の基礎となる取り決めです。その根拠は次の条文にあります。

「第一〇三条

国際連合加盟国において、この憲章（国連憲章）にもとづく義務と、他のいずれかの国際協定にもとづく義務とが抵触するときは、**この憲章にもとづく義務が優先する**」

現在二〇〇近い国が国連に加盟していて、それらの国が結んだあらゆる国際協定のなかで、国連憲章が最優先される。つまり国際法の最上位に位置する。

これが大西洋憲章で米英が定めた「第二次大戦後の世界」の基本的な枠組みでした。そこでは国際法が最大の武器となる。ですから過去七〇年間の世界の歴史は、軍事力による戦いの歴史であったと同時に、この国際法を武器とした熾烈《しれつ》な戦いの歴史でもあったわけです。

ではそのなかで、「戦後日本」はどのように位置づけられているか。

国連憲章の大きな特色は、ダンバートン・オークス提案から受けついだ「平和的手段による国際紛争の解決」です。その理念をあらわす条文は次のようになっています。

「第二条

三項　すべての加盟国は、その国際紛争を平和的手段によって（略）解決しなければならない

四項　すべての加盟国は、（略）武力による威嚇または武力の行使を（略）慎まなければならない」

ですから国連の加盟国は、自衛の場合をのぞいて、単独で軍事行動をとってはなら

ないとされています。左の第五三条一項（前半）にあるように、軍事行動が許されるのは「安全保障理事会の許可があったときに」「地域の安全保障機構のメンバーとしておこなう」場合だけなのです（この条文中にある「地域的取り決め（取極《とりきめ》）」や「地域的機関」の定義は専門家のあいだでも一致しないようですが、とりあえず北大西洋条約のような地域的安全保障協定と、それにもとづくＮＡＴＯのような地域的安全保障機構をイメージしてください）。

「第二次大戦後の世界」における軍事力の行使は、国連安保理がみずから国連軍を組織しておこなう場合（ただし、国連憲章にもとづく正式な国連軍の編成は、現在まで一度も実現していません）に加えて、あくまで安保理の許可があったときだけ、そうした世界各地にある安全保障機構を通じて行使できるということになっているのです。

「第五三条一項（前半）

安全保障理事会は、その権威のもとにおける強制行動のために、適当な場合には、前記の地域的取り決め〔regional arrangements：地域的安全保障協定〕または地域的機関〔regional agencies：地域的安全保障機構〕を利用する。ただし、**いかなる強制行動も、安全保障理事会の許可がなければ、地域的取り決めに**

もとづいて、または地域的機関によってとられてはならない」

しかし同時に国連憲章五三条一項（後半）は、左の条文にあるとおり、「敵国」(enemy states) についてはその例外だとしている。つまり、第二次大戦の敗戦国である日本やドイツが、ふたたび軍国主義やナチズムを復活させ、侵略政策を開始するようなことがあったら、安全保障理事会の許可なしに攻撃してもよいとしているのです。

「第五三条一項（後半）

もっとも、（略）敵国のいずれかに対する措置で、第一〇七条にしたがって規定されるもの、またはその敵国における侵略政策の再現にそなえる地域的取り決め（地域的安全保障協定）において規定されるものは、関係政府の要請にもとづいてこの機構（国連）がその敵国による新たな侵略を防止する責任を負うときまで例外とする」

一般的にはこの条文中の「（敵国の）侵略政策の再現にそなえる地域的取り決め」

とは、日本を仮想敵国とした一九五〇年の中ソ友好相互援助同盟条約や、同じくドイツからの攻撃にそなえて一九四〇年代後半に結ばれた、東欧の共産主義国間の相互援助条約をさしていると考えられています。

しかし、たとえば一九四九年にＮＡＴＯが創設されたとき、ドイツはその加盟国ではありませんでした（六年後の一九五五年に再軍備とＮＡＴＯ加盟を許されます）。初代事務総長だったヘイスティングス・イスメイ（元チャーチル内閣の外務大臣）の言葉にあるように、

「アメリカ人を内側に引き入れ、ロシア人を追い出し、ドイツ人を抑えこむ」
(Keep the Americans in, the Russians out, and the Germans down.)

そのための軍事同盟がＮＡＴＯ（北大西洋条約機構）だったのです。

この五三条（改正案）の「執筆者」であるアメリカの上院議員アーサー・ヴァンデンバーグも、国連憲章の起草委員会の席上、

「〔敵国条項の〕主な目的は、**ドイツと日本の永久的かつ有効な非武装化であり、それら二ヵ国の支配である**」

とのべたと、議事録に書かれています。創設当初のＮＡＴＯには、ドイツによる「侵略政策の再現」にそなえて、永遠にその軍事力を封じこめるという、明確な目的

があったのです。

戦後七〇年たっても削除されない敵国条項

戦後七〇年たった現在でも、この敵国条項はまだ削除されていません。

一九九五年には第五〇回国連総会で、敵国条項（第五三条、七七条、一〇七条）をすでに「死文化した（become obsolete）」ものと認め、憲章から削除するという決議案（A/RES/50/52）が、賛成一五五、反対〇、棄権三（北朝鮮、キューバ、リビア）という圧倒的多数で採択されています。

けれどもその決議案が効力をもち、実際に敵国条項が削除されるためには、もうひとつのハードルを越えなければなりません。憲章から削除する、つまり国連憲章を改正する場合には、国連総会での三分の二の賛成に加えて、「すべての安保理常任理事国（五大国）の批准」と「加盟国全体の三分の二の批准」（第一〇八条）が必要だからです（批准とは、国際間の決議や条約、協定を締約国の国民代表である議会が正式に承認する手続きをとることです）。

決議案の採択から二〇年以上たったいまも、敵国条項の削除は実現していません。

「加盟国全体の三分の二以上の批准」などは、時間をかければクリアできるはずですから、障害になっているのが「すべての安保理常任理事国（五大国）による批准」であることはあきらかです。

敵国条項の削除に賛成しない常任理事国とは、いったいどの国なのか。中国なのか、ロシアなのか、それとも同盟国アメリカなのか。あるいは五大国すべてなのか。その実態はよくわかりませんが、あきらかな現実は、すでに「死文化した」と言われながら、敵国条項はまだ国連憲章のなかに変わらず存在しつづけているという厳然たる事実なのです。*

*―安保村の学者たちはよく「旧ソ連でさえ敵国条項に意味がないことは共同声明で認めていた。もはや効力がないことはあきらかだ」などと言いますが、その根拠である一九九一年四月一八日の「日ソ共同声明」にはこう書かれています。

「〔日ソ〕**双方は**、国連憲章における「**旧敵国**」**条項がもはやその意味を失っていることを確認するとともに**、国際連合の憲章および機構の強化の必要性に留意しつつ、**この問題の適切な解決方法を探求すべきことにつき意見の一致をみた**」

つまり、だれが読んでも、まだ効力は存在しており、問題解決までに長い時間を必要とすることがわかります。実際にロシアのラヴロフ外相は、日ロ交渉についての二〇一九年一月一四日と一六日の会見でも、「国連憲章第一〇七条」について言及しています。

「戦後史の謎」の正体――国連憲章第一〇七条

次の国連憲章第一〇七条も、第五三条と同じく「敵国条項」です。少しわかりにくい文章ですが、つまり国連憲章のすべての条文は、戦勝国が「敵国（敗戦国）」に対しておこなった戦後処理の問題については、いっさい適用されないということが書かれています。

「第一〇七条
この憲章のいかなる規定も、第二次世界大戦中にこの憲章の署名国の敵であった国〔たとえば日本〕に関する行動で、その行動について責任を有する政府〔たとえばアメリカ政府〕がこの戦争の結果としてとり、または許可したものを無効にし、または排除するものではない」

この条文を初めて読んだとき、私は思わず、

「あっ!」

と声をあげてしまいました。

そうです。これこそが、PART1で見た「沖縄の謎」の正体なのです。また、首都圏上空に広がる巨大な米軍の管理空域の正体でもあります。少し話は長くなりますが、どうか聞いてください。

占領継続のトリック（平和条約第六条）

なぜ沖縄が二一世紀のいまになっても、まだ米軍の軍事占領状態にあるのか。また本土でも、なぜ首都圏の上空全体が米軍に支配されていて、日本の飛行機はそこを許可なく飛べないなどといった、信じられない状態がつづいているのか。

「〈戦後再発見〉双書」という歴史シリーズを立ち上げたそもそもの理由は、そうしたさまざまな謎を解く手がかりを探したいと思ったからでした。そしてその答えは、シリーズ第二巻である『本当は憲法より大切な「日米地位協定入門」』（前泊博盛編

著）をつくったときに、ひとまずあきらかになりました。それは日本の独立の条件となったサンフランシスコ平和条約のなかに、次のような「トリック」が仕かけられていたからだったのです。

もともと日本に降伏を勧告したポツダム宣言では、

「占領の目的が達成され、日本国民自身が選んだ平和的な傾向をもつ政府が成立したら、占領軍はただちに撤退する」（第一二項）

と明記されていました。先にふれたとおり、大西洋憲章で「領土不拡大の原則」を宣言して多くの国をまとめあげ、戦争に勝利したわけですから、これは基本中の基本、当然すぎるほど当然の話なのです。だから一九五二年に発効したサンフランシスコ平和条約にも、

「連合国のすべての占領軍は、この条約の効力が発生したあと、なるべくすみやかに、かつ、いかなる場合にも九〇日以内に、日本から撤退しなければならない」（第六条a項前半）

と書かれていました。

しかし現実にはPART1や2で見たように、アメリカによる軍事占領状態が継続した。

それはいったい、なぜなのか。答えは右の条文の次に、**「ただしこの条文の規定は、二国間で結ばれた協定〔=日米安保条約〕による外国軍〔=米軍〕の駐留をさまたげるものではない」**（第六条a項後半）と書かれていたからです*（正確な条文は、左の註を参照してください）。

つまり、ひとつの条文の前半で、大西洋憲章以来の「領土不拡大の原則」を高らかにかかげながら、後半では、日米安保条約による米軍の駐留はその例外だとしたわけです。

*―サンフランシスコ平和条約第六条（a）「**連合国のすべての占領軍は、この条約の効力発生の後なるべくすみやかに、かつ、いかなる場合にもその後九〇日以内に、日本国から撤退しなければならない。ただし、この規定は、**一または二以上の連合国を一方とし、日本国を他方として双方の間に締結された、もしくは締結される**二国間、**もしくは多数国間の**協定にもとづく、**またはその結果としての**外国軍隊の日本国の領域における駐屯または駐留をさまたげるものではない**」

沖縄・軍事基地化のトリック（平和条約第三条）

もうひとつ例をあげます。

同じく「領土不拡大」という大原則のかげで、なぜ「沖縄本島の軍事基地化」というようなめちゃくちゃな国際法違反が可能になったのか。それはやはりサンフランシスコ平和条約の第三条*に、同じようなトリックが仕かけられていたからです。

第三条の条文は非常に難解なので、翻訳してご説明します。つまりこの条文の前半には、

「日本は、アメリカが国連に対して、沖縄や小笠原などを信託統治制度のもとにおくという提案をした場合、無条件でそれに同意する」

と書かれています。信託統治制度というのは、国連の信託を受けた国（この場合、アメリカ）が、非独立地域（この場合、沖縄や小笠原など）を統治するという制度です。国連憲章で定められた制度なので、もちろん領土不拡大の原則にもとづいています。国連の管轄のもとに、将来の独立や自治を前提として統治することが原則なのです。

しかし先の第六条a項と同じく、この第三条も後半にトリックが仕かけられていました。

後半には、

「〔しかし〕**そうした提案がおこなわれるまでアメリカは、それらの島や住民に対し、行政、立法、司法上のすべての権力を行使する権利をもつ**」

という内容が書かれていたのです。「行政、立法、司法上のすべての権力」を行使できるというのですから、まさにそれ以上はない完全な独裁です。そしてこの第三条をめぐるトリックの総仕上げは、次のようなきわめて単純なトリックだったのです。

〈結局アメリカは、一九七二年の沖縄の本土復帰まで、一度もそうした提案をしなかった〉

つまり、いかにも信託統治を開始するまでのごく短期間だけ、沖縄の行政、立法、司法の三権をすべて握るという形をとりながら、実際は信託統治を開始せず、独裁的に支配できる期間を無期限に延長したわけです。こうした法的トリックによって、アメリカはだれからも規制されることなく、沖縄に対して戦後も無法な軍事支配をつづけることができたのです。

現在でも沖縄には、一九七二年まで沖縄は、国連の信託統治制度によって占領されていたと思っている人が多いのですが、それは誤解です。もし信託統治制度だったら、ちゃんと国連憲章に規定があって、国連総会および国連信託統治理事会の管轄下に入ることが決められているので、占領期の沖縄ほどひどいことになるはずがなかったのです。

＊―サンフランシスコ平和条約第三条「日本国は、北緯二九度以南の南西諸島（琉球諸島および大東諸島を含む）、孀婦岩《そうふがん》の南の南方諸島（小笠原群島、西之島および火山列島を含む）、ならびに沖の鳥島および南鳥島を合衆国を唯一の施政権者とする信託統治制度のもとにおくこととする国際連合に対する合衆国のいかなる提案にも同意する。このような提案がおこなわれ、かつ可決されるまで、合衆国は領水を含むこれらの諸島の領域および住民に対して、行政、立法および司法上の権力の全部および一部を行使する権利を有するものとする」

平和条約（講和条約）に関する問題に、国連憲章は適用されない

しかしこうしたサンフランシスコ平和条約のトリックは、あくまでも小手先のトリ

ックにすぎません。あきらかに、だれが見ても大西洋憲章や国連憲章の大原則に反している。トリックの仕かけそのものはわかったけれど、どうしてアメリカ以外の連合国諸国が、そうした見えすいた国際法違反の条項に反対しきれなかったのか不思議でした。

その謎が、先の敵国条項、国連憲章第一〇七条を読んで解けたわけです。

国連憲章は、「武力行使の原則的禁止」や「主権平等」「民族自決」「人権の尊重」など、さまざまな理想主義的条項を定めています。

ところが、この一〇七条がのべているのは、「敵国」に対する戦後処理については、そうした条項はすべて適用されない、適用除外になるということなのです！

そしてその「敵国に対する戦後処理」の代表が、平和条約（講和条約）なのです。いうまでもなく平和条約とは、交戦国が正式に戦争を終わらせるための包括的な取り決めだからです。

ですからサンフランシスコ平和条約の第六条にもとづき日本に駐留する米軍や、第三条にもとづいて支配された沖縄に関しては、いくらその実態が「民族自決の原則」や「人権の尊重」に反していても、国際法には違反しないということになるのです。

沖縄の問題は、人権ではなく人種差別でしか扱えない

そう言えば、思いあたることがありました。

以前、国連で働く日本人の方に、本書のPART1でお話しした沖縄の現状を伝え、

「沖縄では米軍機は、アメリカ人の家の上は避けて飛び、日本人の家の上では危険な低空飛行をしている。実際に事故も起きている。こうしためちゃくちゃな現状を国連人権理事会で問題にしてほしい」と頼んだところ、

「残念ながらそれは無理です。問題にできるとしたら、人種差別についての勧告ということになります」という返事がきたのです。

それはおかしいでしょう。いったい人種差別って、なんのことですか？　だいたいこれほどあきらかな人権侵害を問題にできないとしたら、なんのための人権理事会なのですか。

国連憲章は第一条の三項で、国連の主要な目的のひとつが、**「すべての人間の人権の尊重」**であると書いています。そのための委員会を設けることも条文（第六八条）

で明記しており、それにもとづいて設置されたのが、国連人権理事会（二〇〇六年までは国連人権委員会）なわけです。

ですからたとえば福島の原発事故に関しても、人権理事会の委員長から任命された「特別報告者」（「健康の権利」担当）という専門家が実際に日本まで来て、放射能汚染の実態を調査し、日本政府に対して住民の健康を守らせるための詳細な勧告をしています。また二〇一三年一二月、安倍内閣が成立させた「特定秘密保護法」についても、やはり「表現の自由」担当の特別報告者が、強い懸念を表明しています。

それなのになぜ、沖縄の問題だけは、国連の人権理事会が任命する特別報告者は声明を出してくれないのか。人種差別とは、いったいなんのことなのか。

沖縄や本土の「人権条項の適用除外」の源流は、国連憲章「敵国条項」だった

調べてみると、たしかにそうでした。これまで沖縄の人たちも、米軍基地による人権侵害についてとりあげてほしいという要請を、国連人権理事会に対して何度もおこなっていたのです。

考えてみれば当然で、私のような、つい数年前に問題を知った人間が考えるようなことは、もちろんずっと前から沖縄の人たちは主張しているのです。

ところがその希望はかなえられず、国連が沖縄の米軍基地問題をとりあげる場合は、先にふれた国連職員の方が言っていたとおり、いつも人権理事会ではなく、国連人種差別撤廃委員会による「人種差別についての懸念表明」という形になっているのです。

つまり、日本の平和条約をめぐる問題については、国連憲章は効力を発揮しないので、沖縄の米軍基地問題について、いくらそれが人権を侵害していても、国連人権理事会はアメリカ政府に対し勧告をおこなうことはできない。しかしそうした現状を放置していることは、沖縄人（琉球民族）という「人種のちがう民族」への差別にあたるとして、日本政府に対し勧告することはできる。これが国際法の現場で実際に起こっている現実なのです。

PART1でお話しした、**沖縄や本土の人びとを苦しめている不条理、つまり航空法など「人権条項の適用除外」の源流は、この一〇七条による「国連憲章すべての適用除外」**にあったのです。

続・「戦後史の謎」の正体――国連憲章第五三条と日米安保条約がもつ二面性

さらにこの一〇七条を前提に、もうひとつの敵国条項（五三条一項後半／二七六ページ）をふり返ってみると、重大な仮説が浮かびあがります。そこに書かれた、国連安保理の許可がなくても敵国を攻撃できる「侵略政策の再現にそなえる地域的取り決め（地域的安全保障協定）」とは、実は日米安保条約のことじゃないのか？

「そんなバカな」

と言わないでください。いくつか根拠があるのです。

まずトルーマンです。

実はアメリカは日本の占領を終えるにあたって、日米間の安全保障条約を、もともと現在のような二国間条約ではなく、フィリピンやオーストラリア、ニュージーランドなどを加えた多国間の集団安全保障条約として構想していました。結局、実現しなかったその条約の名を「太平洋集団安全保障条約」といいます。（『「平和国家」日本の再検討』古関彰一／岩波書店）

ここで重要なのは、その条約についてトルーマン大統領がジョン・フォスター・ダ

レス（サンフランシスコ平和条約と日米安保条約のアメリカ側交渉責任者）にあたえた指示のなかに、

「この取り決め〔太平洋集団安全保障条約〕は、外部からの攻撃に対抗するため加盟国が共同行動をとることを保障すると同時に、**加盟国中の一国からの攻撃、たとえば日本が仮に再び侵略的となった場合は、日本からの攻撃に対抗するため、加盟国の共同行動を保障するという二重の目的をもつことになるだろう**」（一九五一年一月一〇日）

という言葉があったことです。

つまりこの「太平洋集団安全保障条約」こそ、まさに先にのべた「敵国の侵略政策の再現にそなえる地域的取り決め（安全保障協定）」そのものということになります。アメリカの考えとしては、NATO型の集団安全保障体制をつくって、その枠組みのなかで日本に米軍が駐留しつづける。そうすれば、憲法九条二項によって軍事的空白地帯となった日本を防衛するとともに、日本がふたたび軍国主義化することをふせぎ、周辺諸国の安全も確保することができる（オーストラリアやニュージーランド、フィリピンは、形式はどうであれ、米軍が沖縄にとどまることを強く望んでいました）。つまり日本は自分が参加する集団安全保障条約のなかで、他の加盟国から「国連安保理の許可なしでの武力攻撃」を受ける可能性が想定されていたわけです。

ひどい話ですが、まあ、その時点では、つい五、六年前まで本当に殺し合いをしていたわけですから、しかたなかったのかもしれません。先ほどふれたように、ドイツが参加したあとのＮＡＴＯも、おそらくそうした二面性をもっていたものと思われます。

しかしすでにのべたとおり、この太平洋集団安全保障条約は実現しませんでした。それは他の加盟予定国からの日本に対する不信感が強く、とくにオーストラリアとニュージーランドが日本と同盟関係になることを拒否したからでした。その結果、代わりにアメリカは、

◯フィリピンとの「米比《べいひ》相互防衛条約」（一九五一年八月三〇日調印）
◯オーストラリア・ニュージーランドとの「太平洋安全保障条約（アンザス）」（一九五一年九月一日調印）
◯日本との「（旧）日米安保条約」（一九五一年九月八日調印）

という三つの安全保障条約を、ほぼ同時に結ぶことになりました。

これはいわば、先ほどの「太平洋集団安全保障条約」を三つに分割したものですから、その三つともが、当初の構想だった「日本の侵略政策の再現にそなえる安全保障協定」としての機能を引きついだと考えることができます。

事実、右のアメリカとフィリピン、オーストラリア・ニュージーランドとの相互防衛条約には、加盟国は「各国の領土」への攻撃に共同で対処するだけでなく、**「各国の太平洋地域内の軍隊」**(its armed forces in the Pacific) への攻撃にも、共同で対処すると書かれています。

つまり、もし日本が在日米軍や米軍基地の存在をおびやかすような行動に出た場合、米軍はもちろん、フィリピン、オーストラリア、ニュージーランドの軍隊が、国連安保理の許可なく、共同で日本を攻撃できるようになっていた。また法的権利としては、現在でもそうなっているということです。

そう考えると、またひとつ謎が解けました。以前、旧安保条約の条文を読んでいたとき、左のような疑問をもったのです。

○「アメリカ合衆国は、**平和と安全のために**、現在、若干の自国軍隊を日本国内**およびその附近に維持する意思がある**」(前文)

↓（どうして「日本の安全のために」じゃなく、漠然とした「平和と安全のために」なんだ？ それと「その附近」って、いったいなんのことなんだ）

○「アメリカ合衆国は、**日本国が、攻撃的な脅威となり**、または（略）**平和と安全を増進する以外に用いられる軍備をもつことを常に避けつつ**、（略）自国の防衛のため漸増的にみずから責任を負うことを期待する」（前文）

↓（安全保障条約のなかに、一方の国だけが「攻撃的な脅威になることを避ける」と書かれているのは、やっぱりおかしいんじゃないか？）

○「〔米軍を〕日本国内および**その附近に配備する権利**を、日本国は許与し、アメリカ合衆国はこれを受諾する」（第一条）

↓（日本国内はともかく、「その附近に配備する権利」って、日本が許可することじゃないだろう？）

こうしたいくつもの疑問があったのですが、ようやくその意味がわかりました。**もともと日米安保条約とは、「日本という国」の平和と安全のためではなく、「日本という地域」の平和と安全のために結ばれたものであり**（だから米軍は日本の国境を越えて自由に行動する）、**その地域内でもっとも「攻撃的な脅威」となる可能性が高いと想定**

されていたのは、なんと当の日本国だったということです。

キッシンジャーと周恩来の在日米軍基地をめぐる会話

もっとも、こうした歴史をもちだすまでもなく、在日米軍に二面性があること、つまり戦力放棄によって軍事的空白地となった日本（という地域）を防衛するとともに、日本（という国）の侵略政策の再現をふせぐ役割をもつことは、これまで何度もアメリカ側の責任者から証言されてきました。

たとえば、かつて大統領補佐官だったヘンリー・キッシンジャーは、一九七一年一〇月におこなわれた中国での秘密会談のなかで、周恩来《しゅうおんらい》首相から、

「アメリカはソ連がチェコスロバキアに軍隊を派遣したのを是認しませんでした。（略）それなのに、どうして米軍を他国〔日本〕に駐留させるのですか」

という根本的な疑問を投げかけられています。それに対してキッシンジャーは、

「もしわれわれが〔日本から〕撤退するとなると、原子力の平和利用計画によって日本は十分なプルトニウムを保有していますから、とても簡単に核兵器をつくることができます。ですから、われわれの撤退にとってかわるのは、決して望ましくない日本

の核計画なのであり、われわれはそれに反対なのです」

「日本が大規模な再軍備に乗り出すのであれば、中国とアメリカとの伝統的な関係〔第二次大戦時の同盟関係ほか〕が復活するでしょう（略）。要するに、**われわれは日本の軍備を日本の主要四島防衛の範囲に押しとどめることに最善をつくすつもりです。しかし、もしそれに失敗すれば、他の国とともに日本の力の膨張を阻止するでしょう**」

とのべています。（『周恩来 キッシンジャー機密会談録』毛里和子・増田弘監訳／岩波書店）

こうした考えが、米軍の日本駐留の背景として、ずっと存在しているのはあきらかです。

これをいわゆる「ビンのふた論」というのですが、この言葉が有名になったのは、一九九〇年三月二七日、在日米軍・海兵隊司令官ヘンリー・C・スタックポール少将がワシントンポスト紙上でおこなった次のような発言からでした。

「もし米軍が撤退したら、日本はすでに相当な能力をもつ軍事力を、さらに強化するだろう。だれも日本の再軍備を望んでいない。だからわれわれ〔在日米軍〕は〔日本の軍国主義化を防ぐための〕ビンのふたなのだ」

シカゴ大学歴史学教授（当時）のブルース・カミングス氏は、こうした第二次大戦後のアメリカの基本戦略について、有名なジョージ・ケナンの提唱したアメリカの「封じ込め政策」とは、実は、「敵対する共産主義国ばかりでなく、資本主義の同盟国もその対象だった。ケナン・ドクトリンはふたつの顔をもつヤヌス神（ローマ神話の双面神）のようなもので、ひとつの顔はソ連とその同盟国の封じ込めに、もうひとつの秘密の顔は敗戦国、つまりドイツと日本の封じ込めに向けられていた」と解説しています。（『ル・モンド・ディプロマティーク』一九九九年四月号）

NATOや在日米軍のなかに、そのふたつの顔をもつヤヌス神が隠されていたことは、もはや言うまでもないでしょう。

なぜ日本全土で低空飛行訓練をしているのか

こうして見てくると、本書のテーマである「戦後史の謎」のうち、いくつかの大きな謎が解けたような気がします。つまり日本はアメリカの「同盟国&属国」というよりも、より本質的には「同盟国&潜在的敵国」だった。そう考えるとよくわかる不思

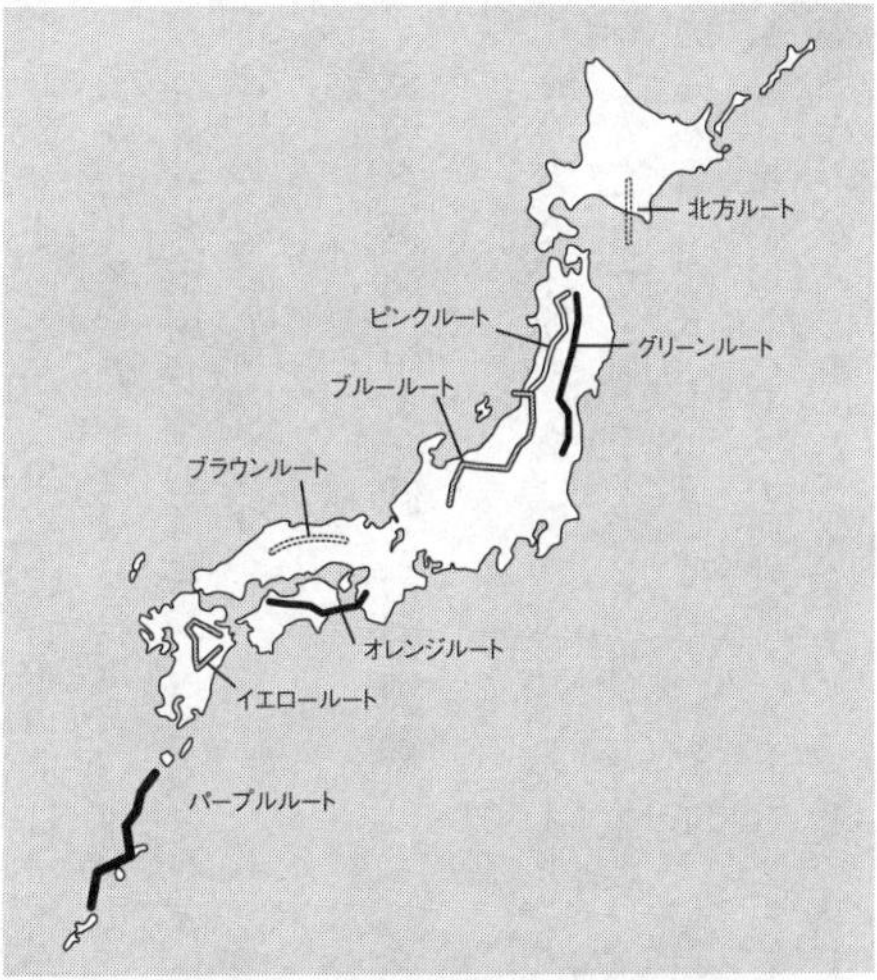

オスプレイが飛ぶ６つの「低空飛行訓練ルート」と、
「ブラウン」ルートと「北方」ルート

議な出来事がいろいろとあるのです。

たとえば二〇一二年、オスプレイが沖縄へ配備されたときに有名になった「低空飛行訓練ルート」というものがあります。上の図のように日本全国で、米軍は自由に低空飛行訓練をおこなっている。実はこれはいまに始まったことではなく、ずっと前からやっているのです。

ＰＡＲＴ１で見た沖縄の米軍基地の地図と同じで、初めて見た人は、

「えーっ、こんなに全国で訓練しているの？」

と最初は驚く。しかしそれで驚くのはまだあまい。米軍機がこうした日本各地に設定された八つの訓練ルートまで飛んでいくルートや高度について、実はなにも制限がないのです。だから事実上、米軍機は日本全国を自由に低空飛行することができる。

しかし、そもそもなぜこれほど日本全土で演習する必要があるのか。山岳地帯を飛ぶ訓練だと軍事評論家は言っているけれど、それだったら、どこかで集中的にやればいいじゃないか。

原発を標的《ターゲット》にした低空飛行訓練

そうした米軍機の一機が、訓練ルートから遠く離れた四国の伊方原発のすぐ横に墜落したことがありました（一九八八年六月二五日）。左ページ上の図を見てください。原発の真上を低空飛行して、山の斜面に激突した。尾根の向こう側に落ちた機体は大破し、乗組員七名が全員死亡しました。もしこのとき、機体が手前に落ちていたら、福島なみの大惨事になるところだったのです。墜落したのは山口県の岩国基地から沖縄に向かう途中の米軍機でした。

おかしい。なぜこんな場所を低空飛行していたのか。『本当は憲法より大切な「日

伊方原発と米軍機の飛行ルート｜「しんぶん赤旗」（2012年７月22日）をもとに作成。写真は時事通信フォト

米地位協定入門」』の編著者である前泊博盛さん（沖縄国際大学教授）は、ドキッとするようなことを言います。

「原発を標的にして、演習してたんでしょう」

最初は私も、

「いくらなんでもそれは言いすぎじゃないか。陰謀論じゃないのか」

と思ったのですが、よく考えると低空飛行訓練というのは、基本的に軍事攻撃の訓練ですから、演習には必ず標的《ターゲット》を設定する必要がある。そうした状況のなか、こんな場所をこんな高さで飛んでいたのは、たしかに原発を標的にしていたとしか考えられない。

つまり、

「米軍機は日本全土の原発を爆撃するために低空飛行訓練をしている」

こう言うと、それは陰謀論になります。しかし、

「米軍機は、日本全土で低空飛行訓練をすることで、いつでも日本中の原発を爆撃できる軍事的オプションをもっている」

これは疑いのない事実なのです。

一七〇年前に沖縄を測量していた米軍

それは歴史を振り返れば、あきらかなのです。

いまから一七〇年ほど前の一八五三年、ペリーが浦賀にやってきました。そして東京湾(江戸湾)に侵入して大騒ぎになり、「幕末」という時代が幕を開けるわけですが、実はそのときペリーは、最初は那覇に来ていたのです。彼らの一番の目的は日本を開国させることだったわけですが、日本との交渉がうまくいかなかったときにそなえて、その前に沖縄(当時の琉球王国)にやってきて上陸し、奥地まで行って測量をしていました。水源や水質の調査もしました。

そのときの調査記録が、なんと九二年後の第二次大戦の沖縄上陸戦で使われたこと

がわかっています。ＰＡＲＴ１でふれたように、沖縄戦で米軍はまず嘉手納に上陸しました。そこに日本軍の飛行場があったということもありますが、加えて嘉手納には非常に良質で豊かな水源があることを、彼らは九二年前の調査によって知っていたわけです。

軍隊というのは私たちの想像以上に大量の水を必要とするそうです。飲料水とかそういったレベルの話ではなく、軍用機や武器が油でドロドロになりますから、つねに大量の水で洗浄しなければならない。そのこともあって米軍は七〇年前に嘉手納に上陸・占拠して、いまなお、そこを最大の軍事拠点としているわけです。本当にアメリカという国は、軍事に関してはすごい国だと思います。

ですから、いまから一七〇年前、ペリーたちが奥地まで行って測量しているのを見て、

「彼らは沖縄を占領するために上陸し、測量しているのだ」

というと、これは当時、「考えすぎさー」という琉球の人がいたかもしれません。

しかし、

「彼らはいつでも沖縄を占領できるオプションをもつために、上陸し、測量した」

これは歴史的事実なのです。

一七〇年前は、日本との交渉がうまくいって日本が開国したから、沖縄を占領しなかった。しかし、九二年後にそのときの調査資料を使って本当に占領したわけです。

こうした事実を知ったうえで、私たち国民は、自国の政治家や外交官を評価したり、またはバックアップしなければならないと思います。日本全国で低空飛行訓練をしている米軍は、いつでも瞬時に日本中の原発を爆撃し、日本全体を壊滅させられるオプションをもっている。外交交渉でいえば、相手はつねに機関銃を手にもちながら交渉しているようなものです。もちろん本当に撃つことはないでしょう。でも心理的に対等な交渉などできるはずがありません。

元外務官僚の天木直人さんが暴露した外務省内のマニュアルには、日米安保については、

「日本を守ってくれるかという疑念をもつこと自体、アメリカに対して失礼である」

と書かれていたそうです。最初聞いたときは「なにをバカなことを言ってるんだ。それじゃ、ただの思考停止じゃないか」と思いましたが、こうした事実を知れば無理もないなと思います。相手がいつでも自分を殺せるとき、とりあえずそうした事態は絶対に起こらないと仮定して、ひたすら低姿勢で交渉をつづけるしかない。だから、「まず銃をしまってくれ」。つまり、まず米軍は撤退してくれという必要が

ありますす。そうでなければ正常な外交交渉など、絶対にできるはずがないのです。

フランスの法学者たちの見解

こうして見てくると、戦後世界において日本にあたえられた国際的地位というのは、本当にきびしいものだったことがわかります。もちろん常識的に考えると、「敵国」とされた国が国連に加盟した時点で、その差別的な法的地位は消滅するはずです。

「いや、信用できないから敵国のままだ」というのなら、加盟させなければよいのですから。

戦後七〇年たったいま、かつて敵国とされた七ヵ国はすべて国連の加盟国です。日本などは国連の予算（分担金）の一〇パーセント以上を一ヵ国で負担している。もう国際法のなかに「敵国」など存在するはずがない……。

ところがそうではないのです。現在日本で手に入るもっとも信頼できる国連憲章の解説書である『コマンテール国際連合憲章――国際連合憲章逐条解説（下）』（東京書籍）によれば、なんと**「その点について学説は分かれる」となっているのです！** っ

『コマンテール国際連合憲章
——国際連合憲章逐条解説』

まり敵国条項は、日本の安保村の学者たちがいうように「死文化している」という説もあるが、依然として効力をもっているという説もあるということです。

この本の原書は一九九一年に刊行されており（第二版。初版は一九八五年刊行）、編者は、ジャン＝ピエール・コット（パリ第一大学教授・元大臣）と、アラン・プレ（パリ政治学院教授・元国連国際法委員会委員）のふたり。初版への序文はデ・クエヤル国連事務総長（当時）が書いています。

そしてなによりすばらしいのは、この解説書がフランスの大学教授を中心に「フランス語系の法律家」八十数人を結集して書かれたものであるということです。つまりアメリカ主導の日米安保村からある意味、もっとも遠く離れた場所でつくられているため、私たちが普段目にできない「国際法の真実」について知ることができるのです。それによると、

「国連への加入は、敵国だった過去を消すことはできないので、敵国条項の効力については影響がない〔＝変わらず効力が存続する〕」

と主張する学者が過去、何人もいたとあります。* そしてわれわれ日本人にとってショックなのは、つづけてこう書かれていることです。

「しかし、次に示す外交の実例からして、**ソ連をふくむ連合国は〔敵国条項〕第一〇七条にもとづく権利を、少なくとも西ドイツとの関係においては放棄したように思われる**」

また別の箇所にはこうも書かれています。

「**東方政策**〔西ドイツのおこなった、東ドイツを含めた東欧諸国との関係正常化を目的とした外交政策〕**の諸条約は**、一九七〇年代以降、**西ドイツと東側の隣国との関係において、〔敵国条項〕第一〇七条を、そして第五三条をも無効にした**」

一九七〇年代の東方外交の結果、ドイツに関しては、敵国条項は事実上、死文化しているということです。**ところがその一方、日本についての記述はどこにもないのです！**

つまりこの本の著者や編者たちは、日本に対する敵国条項の効力は、依然として存続している可能性が高いということを言外に教えてくれているのです。

＊―たしかに調べてみると、二〇世紀を代表するオーストリア出身の国際法学者ハンス・ケルゼン

も、一九五〇年の主著『国際連合の法――その基本問題の批判的分析』（*The Law of the United Nations: A Critical Analysis of its Fundamental Problems*）の中で「こうした見地から、**旧敵国は原則として国連憲章の法の外側に位置する。その法的権利の剝奪は永久につづく**（In this respect, the ex-enemy states are, in principle, outside of the law of the Charter. This outlawry is permanent.）」と、はっきり書いています。

ドイツの「独立」までの歴史

『国際連合憲章逐条解説』に「東方政策」という言葉で書かれていたように、ドイツは第二次大戦での敗戦後、広大な領土をポーランドやフランスに割譲することを認め、国家としての「謝罪外交」も展開し、必死になって「過去の克服」をおこなうことで「新しいヨーロッパ」の中心国としての地位を固めていきました。

その輝かしい成果が現在のEU（ヨーロッパ連合）であり、ドイツはみなさんよくご存じのとおり、その中心にどっかり腰をおろして、他のヨーロッパ二七ヵ国（二〇一九年二月現在）とともに強固な地域共同体を形成しています。現在のドイツを「アメリカの属国」だとか、国連憲章における「敵国」だと言う人はどこにもいないでしょう。

戦後、わずか六人の首相によって達成されたその「独立」までの歴史を、ごく簡単に説明すると次のようになります。

まず、戦後最初の西ドイツ首相となったコンラート・アデナウアー（キリスト教民主同盟党首。一九四九年から一四年間、首相の座にありました）は、ちょうど日本の吉田首相と同じように、徹底した対米従属路線を強いられることになりました。しかしそうしたなかでも彼の、

「新しいドイツ人は、断固たるヨーロッパ人たるべきである。そうすることによってのみ、ドイツは世界に平和を保障される」（『アデナウアー回顧録』佐瀬昌盛訳／河出書房）

という明確な国家方針に揺らぎはありませんでした。先にふれた、西ドイツの首都をフランクフルトにして、その周囲を米軍基地でかこむというアメリカの計画を、土壇場でひっくり返したのもアデナウアーでした。

そしてその後、二人の首相をはさんで、一九六九年にドイツ社会民主党への政権交代が起きると、第四代首相となったヴィリー・ブラントは、それまでできなかった

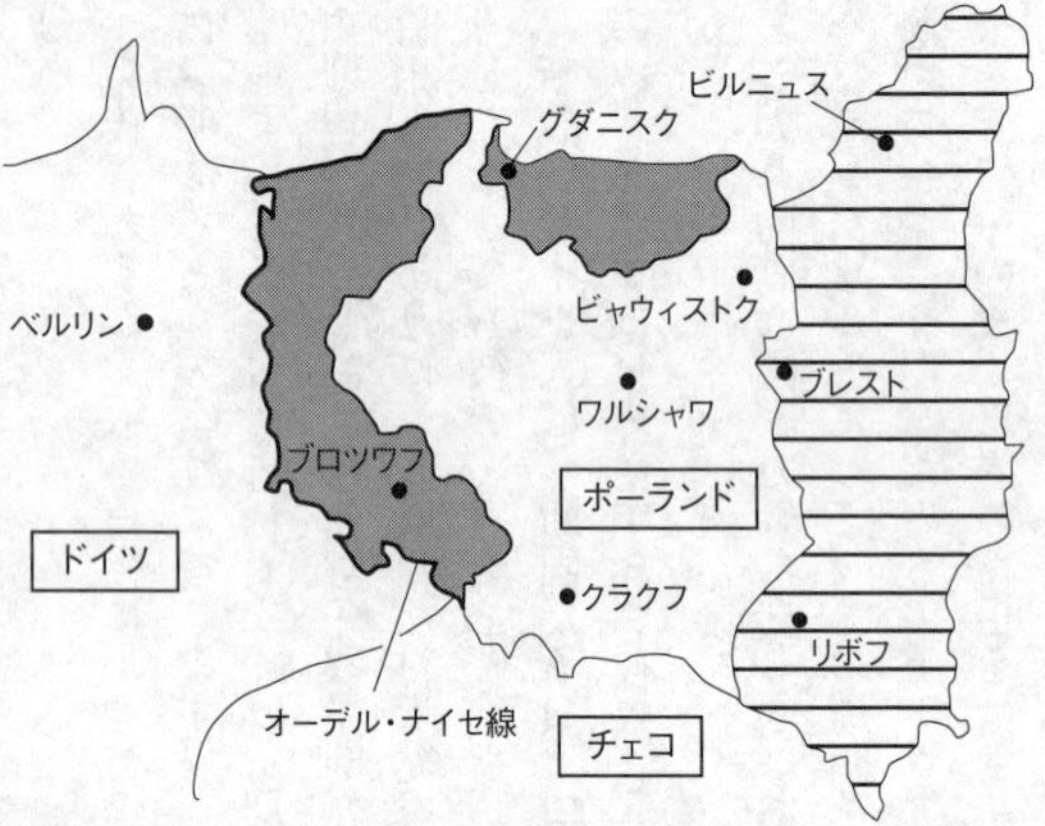

左側の太線がオーデル・ナイセ線（ドイツとポーランドの国境）で、灰色の部分がドイツの失った領土。横線の部分がポーランドの失った領土。ドイツはこの国境変更により、帝国の中心だった旧プロイセン王国の領土のほとんどを失い、1200万人の難民が、オーデル・ナイセ線を越えてドイツに「帰還」した。

「東ドイツの事実上の容認」と、「ハルシュタイン原則（東ドイツと国交のある国とは外交関係を結ばないという、それまでの基本方針）の完全撤回」に踏み切りました。

さらに「ドイツ（東ドイツ）とポーランドの国境」についても、大きく譲歩することを認め（オーデル・ナイセ線の確認／上の図参照）、領土問題にも決着をつけました。一九七〇年にはポーランドの首都ワルシャワで、ユダヤ人ゲットー（強制居住地区）の跡地にひざまずいて献花し、ナチスによるユダヤ人虐殺について心からの謝罪を表明したことは有名です。

　ブラントのあとをついだ第五代首相のヘルムート・シュミットも、周辺諸国との融和政策を押し進めました。彼は「サミット」と呼ばれた一九七〇年代の先進国首脳会議（G7）が華やかだったころの主要メンバーで、日本でもよく知られたハンサムな政治家ですが、**日本の外交問題について意見を求められるたびに、**

「日本は周囲に友人がいない。東アジアに仲のいい国がない。それが問題です」

と礼儀正しく、しかしはっきりと助言してくれていました。一九七九年の東京サミットにも来ていたので、私もよくおぼえています。**四〇年後のいまになって、彼の助言がいかに大切なものだったかが身にしみてわかります。それは同じ敗戦国だったドイツからの、本当の、心からの助言だったのです。**

　このようにドイツはさまざまな努力の結果、『国際連合憲章逐条解説』にあるように、すでに一九七〇年代、「敵国」としての位置づけを事実上、脱することに成功していました。そうした歴代の首相たちの努力があったからこそ、第六代首相となったヘルムート・コール（キリスト教民主同盟）は、冷戦終結のチャンスをとらえて一九九〇年九月一二日に、「ドイツの戦後処理に関して責任をもつ」戦勝四カ国（米英仏ソ）と東西ドイツのあいだで事実上の「平和条約」（通称「2《ツー》プラス4《フォー》条約」）を結び、敗戦国としてのなごりをすべて清算することができたのです。そして翌月一〇月三日のドイツ再統一、さらには一九九三年一一月一日のEU創設へと突き進むことができたのです。

一九九〇年に結んだ「2プラス4条約」にもとづき、米英仏ソの駐留軍はすべて一九九四年までにドイツから完全撤退していきました。現在ドイツに残っている米軍は、基本的にNATO軍としての制約のもとに駐留しており、そのドイツ国内での行動にはドイツの国内法が適用されています。

こうして日本と同じく第二次大戦の敗戦国であり、国際法上の「敵国」だったドイツは、長く苦しい、しかし戦略的な外交努力の末、戦後四九年目にして、ついに本当の意味での独立を回復することができたのです。

経済は世界第三位、国際法上は最下層の国

それにひきかえ日本は、ドイツのように周辺諸国に真摯に謝罪し、「過去の克服」をおこなうのではなく、戦後まもなく成立した冷戦構造のなか、米軍基地の提供とひきかえに、外交と安全保障をすべてアメリカに任せっきりにして、国際社会への復帰をはたしました。平和条約に通常書かれるはずの敗戦国としての戦争責任も明記されず、賠償金の支払いも基本的に免除されました。そして過去に侵略をおこなった韓国や中国などの周辺諸国に対しては、贖罪《しょくざい》意識よりも、経済先進国としての優越感を前面に押し出すようになり、戦後七〇年のあいだ、本当の意味での信頼関係を築くことが、ついにできませんでした。

その結果、日本は世界でただ一国だけ、国連における「敵国」という国際法上最下層の地位にとどまっているのです。日本全国に駐留し、国内法を無視して都市の上空を飛びまわる在日米軍がその証《あか》しです。いまだに軍事占領がつづく沖縄と、横田、厚木、座間、横須賀など、首都圏を完全に制圧する形で存在する米軍基地、そして巨大な横田空域《ラプコン》がその証しです。そんな国は世界じゅう探しても、日本以外、どこにも存在しないのです。

アメリカに従属していれば、その保護のもとで「世界第三位の経済大国」という夢を見ていられます。しかし、ひとたびアメリカから離れて自立しようとすれば、世界で一番下の法的ポジションから、周辺国に頭を下げてやり直さなければならない。それはまさに戦後の西ドイツが歩んだ苦難の道そのものです。

いまさらそんな大変なことはやりたくないし、そもそもどうやっていいかわからない。だから外務省が中心になって、米軍の駐留継続をみずから希望し、ありもしない「アジアでの冷戦構造」という虚構を無理やり維持しようとしている。それが現在の「戦後日本（安保村）の正体」なのです。

2018年12月20日、土砂投入が続く辺野古の沿岸部
｜ⓒ沖縄タイムス／共同通信イメージズ

PART 5
最後の謎
自発的隷従とその歴史的起源

前章の、とくに「敵国条項」のくだりを読んで、すっかり暗い気もちになった方もいらっしゃるかもしれません。私も最初、史実を知ったときは、かなりのショックを受けました。けれどもさらに歴史を調べてみると、そうして落ちこむ必要など、まったくないことがすぐにわかったのです。なぜなら現在の日本が直面する苦境とは、実は日本人みずからが生みだした認知上の歪み（ひとことでいえば「自発的隷従状態」）に主な原因があり、問題を整理して再出発することができれば、まだまだ日本の未来には無限の可能性があるからです。

とくに若い読者の方に聞いていただきたいのですが、七〇年あまりつづいた「戦後日本」という国家は、遠からず終焉をむかえます。考えてみてください。首相になった人間が必ず公約と正反対のことをする。すべて社会保障にあてますと約束して増税し、大企業減税をおこなう。お金がもったいないから、子どもの被曝に見て見ぬふりをする。人類史上最悪の原発事故の責任をだれもとらず、なんの反省もせずに再稼働する。首相の独断で勝手に憲法の解釈を変える。そんな国が、これ以上つづいていくはずがありません。

前ページの写真がその象徴です。日本政府はいま、世界でも有数と言われる自国の美しい海岸に、自分たちの税金で巨大な外国軍基地を建設しようとしているのです。

日本人が少し立ち止まって、そのおかしさに気づきさえすれば、状況は必ず大きく変化するはずです。

「戦後日本」が今後、終焉へと向かうなかで、「あたえられた民主主義」ではなく（結局そんなものはどこにも存在しませんでした）、本当の民主主義を自分たちの手で勝ちとっていくプロセスが、必ずどこかで始まります。具体的には、新しい憲法を制定して、市民の人権が守られるようなまともな法治国家をいちからつくっていくというプロセスです。そう考えると、とてもやりがいのある時代に生まれたと言えるのではないでしょうか。

「敵国条項」の実質的な日本への適用にしても、国際法のなかで正当性をもつものではありません。あくまで「沖縄および日本全土の潜在的基地化《ポテンシャル・ベース》」という米軍の方針がウラ側で決まったあと、条文上のトリックにトリックを重ね、世界中の人の眼から隠蔽されたまま、不正な現状を正当化する「口実」としてもちいられてきたにすぎないのです。新しい「国のかたち」をつくって、オモテ側で堂々と議論すれば、二一世紀のいま、だれが日本人に対して、

「お前たちは敵国の人間だから、人権はない」

「沖縄の軍事占領も、首都圏上空の米軍管理空域も、ずっとそのままだ」

などと言うことができるでしょうか。

そもそも一〇七条をふくむ国連憲章第一七章には「安全保障の過渡的規定」というタイトルがついています。この憲章が調印された一九四五年六月二六日、日本と連合国の戦いはまだつづいていました。戦争が終わり、その処理が終わって、国連が構想どおりに機能するまでのあいだという前提で書かれた条文なのです。沖縄の軍事基地化と同じく、そうした過渡的《トランジショナル》な場合にかぎって適用されるはずだった取り決めを、戦後七〇年たったいまでも、ずるずると不法に引きのばしつづけているだけなのです。

いったいどうして、そんなことになってしまったのか。

この問題が、本書があつかう最後の謎となります。そして結論から言えば、その答えは、

「歴史的経緯のなかで、日本人自身が米軍の駐留を希望したから」

「そこには昭和天皇の意向が大きく影響していたから」

ということになります。

昭和天皇の光と影

本書はこれまで、昭和天皇の「光の部分」を中心に紹介してきました。敗戦後の過酷な状況のなか、冷戦の始まりという国際環境の変化をうまくとらえて、思いきった軍事・外交面での対米従属路線をとった。そのことで第二次大戦の敗戦国（最底辺国）から、冷戦の戦勝国（世界第二位の経済大国）へとかけあがることに成功した。これは大多数の国民にとっては、まさに宝くじに当たったような幸運だったと言えるでしょう。一九六〇年に本土に生まれた私などは、昭和天皇の構築した日米安保体制によって、もっとも経済的な恩恵を得た世代かもしれません。

さらに言えば、PART3でふれた「天皇を平和のシンボルとして利用する」というアメリカ側の方針も、まったくの虚構というわけではなく、昭和天皇が、軍部の暴走とは距離を置いた「穏健派勢力」の代表的存在だったことも事実です。アメリカ国務省もそうした分析をしていました。

しかし、やはり光のウラには影もあります。

考えてみると昭和天皇という人物は、もちろんひとりの人間ではあるものの、同時に国家そのものでもあったわけです。明治以来の「天皇制日本」というひとつの国家体制が、敗戦という未曾有の危機に際して、さまざまなものを切り捨てながら、なんとか生きのびようとしていく。これまでお話ししてきた光の部分も含めて、そこには個人レベルの善悪を超えた功罪、光と影があったのだと思います。

もうすっかり予定のページ数をオーバーしてしまいましたので、できるだけ簡潔に、ふたつの「安保村の掟」とふたつの「天皇メッセージ」という形で、その影の部分をご紹介したいと思います。

安保村の掟・その2

PART3で「重要な文書は、すべて最初は英語で書かれている」という「安保村の掟・その1」をご紹介しました。ずいぶん間があいてしまいましたが、そのつづきは、

「安保村の掟・その2　怖いのは原爆よりも共産主義」

ということになります。

近衛文麿《このえふみまろ》という人がいます。現在では細川護熙《もりひろ》元首相の祖父として知られています

が、首相を二度つとめ、貴族階級の代表として昭和天皇にも意見の言える数少ない人物でした。その近衛が、第二次大戦での敗北がほぼ決定した一九四五年二月一四日に、有名な「近衛上奏文」という文書をたずさえ、昭和天皇に意見をのべているのです。

その内容は、もはや敗戦は避けられないが、いま降伏すれば、アメリカ、イギリスは天皇制の廃止までは要求してこないはずだ。怖いのは敗戦そのものではなく、敗戦にともなって起こる共産主義革命だ、というものでした。

口語訳でその一部を紹介します。

「残念ながら敗戦はもはや避けられません。（略）しかし敗戦は大きな痛手ですが、アメリカ、イギリスの世論は、いまのところ天皇制を廃止せよというところまではいたっておりません。**したがって敗戦だけなら、天皇制の維持についてはそれほど心配する必要はないと考えます。心配すべきは敗戦よりも、それにともなって起こる共産革命です**」

「私が考えるところ、わが国の内外の情勢は、いまや共産革命に向かって急速に進行しつつあります。国外ではソ連が異常な膨張をつづけています。（略）そのソ連は最終的には世界中を共産主義化しようと考えていることはあきらかです」
「一方、**国内では、共産主義革命が達成されるすべての条件が、日々、整いつつあります。**（略）なかでもとくに憂慮すべきは、軍部のなかの特定グループによる革新運動です。年若い軍人たちの多くは、わが国の天皇制と共産主義は両立すると考えているようで（略）皇族方のなかにもそうした主張に耳を傾けられる方がいると伝え聞いております」

日本はいま、確実に共産主義革命への道をたどっている。そのすべての条件が日々、整いつつあり、軍部のなかにも皇族のなかにも、理解者や協力者がいる……。こうした恐怖がその後の歴史の推移から見て、かなり過大なものだったことはまちがいないでしょう。それではなぜ、近衛はそれほどまでに共産主義革命を恐れたのか。この点がわからないと、現在までつづく安保村の本質がまったくわからなくなってしまうのです。

もっとも大きなポイントは、戦前の日本社会において、天皇制に反対する勢力は共産主義者だけだったという事実があります。日本の支配層にとって共産主義革命は、唯一無二の危機であり、しかも革命の成功は彼らにとって、ダイレクトに生命の危機を意味していました。戦前、最終的に最高刑が死刑にまで引き上げられた治安維持法も、根底にあったのはそうした共産主義革命への恐怖だったのです。

現実にソ連は革命の成功後、一九一八年七月に元ロシア皇帝ニコライ二世（とその家族全員）を処刑したという事実があります。共産主義革命が起きた国では、国王や側近たちは地位を追われるだけでなく、首をはねられてしまう。そのことへの肉体的な恐怖が、この近衛の上奏文の背景にはあったのでしょう。

このときは「もう一度、戦果をあげてからでないと、なかなか話はむずかしい」と言って、近衛の意見にしたがわなかった昭和天皇ですが、最終的に八月になって降伏を決断するとき、決め手となったのは、八月六日の広島への原爆投下ではなく、やはり八月九日のソ連対日参戦でした。側近で当時内大臣だった木戸幸一は、その日のことを次のように書いています。

> 「八月九日（木）晴れ（略）〔陛下に〕拝謁す。**ソ連が我が国に対し宣戦し、本日より交戦状態に入れり。ついては戦局の収拾につき急速に研究決定の要ありと思うゆえ**、首相と充分懇談するようにとの仰《おお》せあり」（『木戸幸一日記　下巻』東京大学出版会）

広島への原爆投下については「調査中」という理由で、その事実を国民に隠したままやり過ごそうとした日本政府でしたが、ソ連の本土上陸だけは絶対に回避しなければならなかった。そうした共産主義への恐怖が、このあとご紹介する、朝鮮戦争が勃発した翌日の「ダレスへの天皇メッセージ」(一九五〇年六月二六日)につながっていくことになるのです。

安保村の掟・その3

次の安保村の掟は、「その3　沖縄は『固有の本土』ではない」です。

これも登場人物は近衛です。先の「上奏文」から四ヵ月あまりたった一九四五年七月上旬、ますます悪化する戦況をうけ、中立条約を結んでいたソ連に特使を派遣し、アメリカとの和平交渉を斡旋してもらおうという計画がもちあがります。そして最終的に、近衛を派遣しようという話が浮上し、七月一二日、昭和天皇が近衛を呼んで、そのモスクワへの派遣が決定しました。

結局はソ連がすでにヤルタ密約で対日参戦を決めていたこともあって、近衛の訪ソ

は実現には至らなかったのですが、このとき日本政府内で決定された和平交渉の具体的条件は、

「国土については、将来の再出発のことも考え、なるべく多く残すよう努力するが、**最悪の場合、『固有本土』が残ればよしとする」**

となっていました。そしてその「固有本土」とは具体的にはなにを意味するかというと、

「沖縄、小笠原島、樺太《からふと》を捨て、千島は南半分が残ればよいとする」

というものだったのです。

この計画が立てられた前月、六月二三日には沖縄守備隊が壊滅し、沖縄戦が終わりをむかえています。沖縄県民の四人に一人が犠牲になったという、すさまじい戦いでした。しかしそれだけの犠牲をはらって、本土の防波堤として戦った沖縄は、その直後、すでに昭和天皇および日本の支配層から切り捨てられる運命になっていたのです。この「固有本土ではない」という認識が、このあと紹介する昭和天皇の「沖縄メッセージ」のひとつの原因になっていくことになります。

昭和天皇の「沖縄メッセージ」

PART3では、GHQが人間宣言と日本国憲法を書いて、昭和天皇を東京裁判から守ったところまでご説明しました。ところがその日本国憲法のなかでマッカーサーが日本に戦力放棄をさせたことから、マッカーサーと昭和天皇、それまで一体となって「アメリカの日本占領政策＝戦後日本の再建計画」を進めてきたふたりのあいだに亀裂が入り始めます。

いっさいの武力をもたないことこそ、日本の安全を守る道だと説得するマッカーサーに対し、政治的リアリストである昭和天皇は、五大国が拒否権をもつ国連が、米ソの対立によって機能しない以上、独立後の日本の安全は、本土への米軍の駐留によって確保したいと考えるようになります。この間の事情については、『昭和天皇・マッカーサー会見』『安保条約の成立――吉田外交と天皇外交』（ともに豊下楢彦／岩波書店）という名著がありますので、ぜひお読みいただきたいと思います。

戦後日本の安全保障政策に関し、最初に日本政府の頭越しに出された昭和天皇の提案は、一九四七年九月一九日の「沖縄メッセージ」でした。

これはマッカーサーの政治顧問だったシーボルトに対し、天皇の側近グループの主要メンバーだった寺崎英成が口頭で伝えた「政策提案」です。その内容を記録したアメリカ側の公文書が、当時、筑波大学助教授だった進藤榮一氏によって発見され、一九七九年四月号の雑誌『世界』で発表されることになったのです。(「分割された領土」『世界』一九七九年四月号)

「天皇の顧問、寺崎英成氏が、沖縄の将来に関する天皇の考えを私(シーボルト)に伝える目的で、日時を約束したうえで訪ねてきた。

寺崎氏は、アメリカが沖縄その他の琉球諸島の軍事占領を継続するよう天皇が希望していると、明言した。天皇の見解では、そのような占領は、アメリカのためになり、また日本にも保護をあたえることになる。(略)

さらに**天皇は、沖縄**(および必要とされる他の島々)**に対するアメリカの軍事占領は、日本に主権を残したままでの長期リース――二五年ないし五〇年、あるいはそれ以上――というフィクションにもとづくべきだと考えている。天皇によるとこのような占領方法は、アメリカが琉球諸島に対して永続的な野心をもたないことを日本国民に納得させるだろう**(略)」(英文からの著者訳)

この秘密メッセージを読んでだれもが驚くのは、天皇が米軍に対し沖縄を半永久的に占領しておいてくれと頼んだという事実ですが、もっと驚かされるのは、二一世紀になったいまも沖縄の現状は、基本的にこのとき天皇が希望した状態のままになっているという事実です。

また注目すべきは、**沖縄に対するアメリカの軍事占領は「日本に主権を残したままでの長期リースというフィクション」にもとづくべきだと天皇は考えている**ということです。つまり形のうえでは沖縄は日本の領土だけれども、それを日本が米軍に貸すことにする。そうしたフィクションのもと、事実上は無期限に米軍が沖縄に居すわればよいというのです。

なにかに似ていませんか？

そうです。この「フィクション」が「潜在主権」という名のもとに、四年後、二八四ページで紹介したサンフランシスコ平和条約（一九五一年調印）第三条の「トリック」として、ふたたび浮上することになるのです。

アメリカが沖縄を信託統治領にすることに、まず日本が同意する。そのうえで「実際に信託統治を開始するまでのあいだ」というフィクションにもとづき、米軍が沖縄のすべての権力を独占的に握るというあのトリックです。**なぜそのような安っぽいトリックが実際に成立したかというと、それは「昭和天皇と日本の支配層がそうした構想に合意していたから」だったのです。**

沖縄をめぐる軍部と国務省の対立

昭和天皇の「沖縄メッセージ」は、アメリカのとくに軍部にとって、非常に重要な意味をもっていました。というのも、当時アメリカ国内では沖縄の戦後処理をめぐって、軍部と国務省が真っ向から対立していたからです。(『アメリカの対外政策決定過程』宮里政玄/三一書房・『沖縄返還をめぐる政治と外交』河野康子/東京大学出版会)

第二次大戦終結後の米軍の基本構想は、「西太平洋を完全にアメリカの支配下におく」という点にありました。第一次大戦後、日本の西太平洋支配を容認した結果、フィリピンやグアムを危機におとしいれてしまったという認識があったからです。

ですから軍部は当初沖縄を、戦前日本の委任統治領だった南洋諸島(現マーシャル諸島、ミクロネシア連邦、北マリアナ諸島、パラオ)と一緒に、国連の信託統治制度のなかの「戦略地区」という特殊なカテゴリーに位置づけて、事実上の軍事支配のもとにおこうとしたのです。一般の信託統治地区が国連総会の管轄下におかれ、定期的な報告や査察の義務を負うのに対し、「戦略地区」だけは安全保障理事会の管轄下におかれることになっていたため、ソ連の了承を得て一度統治を始めてしまえば、あとは拒否権を行使して思いのままに軍事基地化できると考えていたのです。

しかし国務省はそうした軍部の構想に反対で、一九四六年六月には、沖縄を「非軍事化したうえで、日本に返還すべき」だと主張していました。大西洋憲章に始まる「領土不拡大」の大原則があったため、

「沖縄のような大きな人口の地域を支配下におけば、アメリカは帝国主義だという批判にさらされることになる」

「領土の拡大はアメリカの道徳的地位と政治的リーダーシップを大きく損なうことになる」

と考えていたのです（実際この五年後にインドは、アメリカの沖縄支配を「植民地主義」と非難し、それを大きな理由のひとつとしてサンフランシスコ平和会議への出席を拒否しました）。

同年一一月の文書でも国務省は、沖縄を非軍事化したうえで日本に返還することをふたたび主張し、同時にアメリカの世論も、軍部による南洋諸島の戦略的信託統治構

想を、

「偽装された領土の併合である」

「国連におけるアメリカの道徳的地位を損なう」

と批判していると書いています。

国務省の沖縄返還構想が実現していたら、冷戦の歴史も変わったかもしれない

この沖縄の返還構想に関する宮里政玄・琉球大学名誉教授と河野康子・法政大学教授の研究書を読んで、私は大きなショックを受けました。いままで「沖縄vs.アメリカ」という構図にとらわれるあまり、こうした国務省やアメリカ世論の動きはまったく見えていなかったからです。「アメリカ＝迫害者」という単純な図式で歴史を見てしまっていた。しかしそれは軍部の動きだけを見ていたからで、**国務省やアメリカ国民はきちんと大西洋憲章の理念にしたがって、沖縄を日本に返還しようとしていたのです。**

もしこの一九四六年の国務省の沖縄返還構想が実現していたら、どんなによかったでしょう。なにしろ現在のような米軍機の騒音と米軍基地による交通の分断に悩まされながら、沖縄への観光客は、二〇一七年に九三九万人とハワイを超え（暫定値）、ついに世界一のリゾートアイランドになっているのです。

もし一九四六年の段階で「非軍事化したうえでの返還」が決定されていたら、いまごろどれほどすばらしいリゾートアイランドになっていたか、想像もつきません。さらにはその後の冷戦の歴史そのものが、現実に起きた歴史とは大きくちがっていた可能性すらあるのです。

軍部の勝利を決定づけた「沖縄メッセージ」

翌一九四七年になっても、沖縄返還をめぐる国務省と軍部の対立はつづいていました。八月五日に**国務省が作成した日本との平和条約の草案にも、依然として沖縄を非軍事化したうえでの返還構想が記されていた**のです。

もちろん軍部（統合参謀本部）は真っ向からその案に反論し、同年八月二六日、

「もしアメリカの沖縄領有を帝国主義だとする非難があるなら、それに効果的に反論することこそ外交の役割である」

「帝国主義だという批判のために、アメリカの戦略的立場を変更することはない」

とのべていました。この時期、国務省と軍部はまさに一触即発状態にあったのです。

そうしたなか、一九四七年九月一九日に絶好のタイミングでマッカーサーに届けられたのが、昭和天皇の「沖縄メッセージ」でした。そのなかで昭和天皇は、「長期のリースというフィクション」を日本側から提案し、「このような占領方法は、アメリカが琉球諸島に対して永続的な野心をもたないことを日本国民に納得させるだろう」とのべていたのです。

その半月前の九月一日、マッカーサーは国務省へ、八月五日の国務省の平和条約草案に対する批判的見解を伝えていました。その大きな理由のひとつとして、マッカーサーは、

「日本人は沖縄の返還が認められることを期待していない」

と書いています。昭和天皇の「沖縄メッセージ」は、そうしたマッカーサーの立場をアシストする役割をあきらかにはたす結果となりました。そして、この時期をさかいに「沖縄から基地をなくしたうえでの返還構想」は勢いを失い、代わりに平和条約第三条のトリックがダレスによって書かれることになったのです。

昭和天皇の「ダレスへのメッセージ」

「沖縄メッセージ」は、いまではかなり有名になりましたが、これからお話しする「もうひとつの天皇メッセージ」については、まだ知っている人は少ないかもしれません。

それはサンフランシスコ平和条約が調印される前年の一九五〇年六月二六日に、昭和天皇から来日中だったジョン・フォスター・ダレスへ送られたメッセージです（天皇の側近である松平康昌《やすまさ》から、パケナムという「ニューズウィーク」東京支局長兼CIAの協力者を通じて、口頭でダレスに伝えられました）。その内容は、約二ヵ月後の八月一九日に加筆して文書化され、再度ダレスに送られたため、かなりくわしくわかっています。この文書を発見したのは、当時、拓殖大学教授だった秦郁彦氏です。（『裕仁天皇五つの決断』）

このメッセージもまた、非常に重大な意味をもっていました。というのも一九四七年の「沖縄メッセージ」は、昭和天皇が日本政府の頭越しに直接マッカーサーに伝えたものでしたが、この一九五〇年の「口頭メッセージ」は、昭和天皇が日本政府だけでなく、マッカーサー（GHQ）も飛び越えて、直接ダレス（アメリカ国務省）にコンタクトしたものだったからです。

そしてもっとも注目すべきは、その後、ほぼ間違いなく日米の共同作業によって文書化されたメッセージのなかに、現時点で吉田首相がとっている平和条約締結に向けての基本方針がまちがいであること、「経験豊かで日米双方より信頼されている人びと」をこの問題にかかわらせるべきであること、もしそうした人びとが議論に参加できれば、

「最近起きた米軍の基地継続使用問題も、日本側からの自発的な申し出で解決され、あのようなあやまった論争を引き起こさずにすんだだろう」

という内容が明記されたことでした。

ここでのべられている米軍の基地継続使用問題をめぐる「あのようなあやまった論争」とは、吉田がこのメッセージの文書化作業の直前の国会答弁（同年七月二九日）で表明していた「私は軍事基地は貸したくないと考えております」という、米軍駐留に消極的な発言をさしていることはあきらかでした。

ですからメッセージ中の「米軍の基地継続使用問題についての日本側からの自発的な申し出」というのは、つまり「米軍の駐留を日本側から申し出る」ことを意味して

いたのです。これが翌年結ばれる旧安保条約の大原則となるのです。

沖縄への半永久的駐留につづき、本土への駐留もみずから希望した昭和天皇

二九一ページにあるとおり、アメリカが日本の占領を終えるにあたって当初考えていた、フィリピンやオーストラリア、ニュージーランドとの多国間の安全保障条約は、加盟予定国の反対によって実現しませんでした。しかし、だからといって二国間の条約を結んで、米軍が日本の独立後も居すわりつづければ、さすがに、

「それはたんなる占領の継続じゃないか」

「アメリカが書いた憲法九条二項と矛盾するじゃないか」

という声がわきあがることは確実でした。事実、この天皇の「ダレスへの口頭メッセージ」の二ヵ月半前、アメリカ国務省では「日本の米軍基地」というタイトルの、次のような極秘電報がやりとりされていたのです(一九五〇年四月七日)。

「憲法問題。日本国内に外国軍基地を維持することが憲法九条と両立するのかどうかということは、国会でもマスコミからも挑戦をうけている。〔米軍の〕軍事

基地〔を日本国内に置くこと〕は、〔日本の〕防衛を軍備ではなく、国際的信義にもとづいておこなうという憲法前文に表明された精神に違反しているということが広く支持されている。

日本の国土に米軍基地をもうけることを日本側から働きかけるような試みは、憲法問題をもっとも深刻なかたちで引き起こすだろう。日本国民は憲法の条項に違反することに対しては責任があると感じ、それはもともとわれわれ〔アメリカ政府〕が心から承認したものだと考えている。**彼らの多くがまじめにそれを信じているのである**」（フィアリー国務省北東アジア局長からアリソン北東アジア担当国務次官補代理宛て）

（『九条「解釈改憲」から密約まで　対米従属の正体』末浪靖司／高文研）

「日本の国土に米軍基地をもうけることを日本側から働きかけるような試みは、憲法問題をもっとも深刻なかたちで引き起こすだろう」

その後の歴史を見れば、**憲法九条二項をもちながら、米軍の駐留をウラ側から働きかけたことが、日本国憲法の権威を傷つけ、法治国家崩壊という現状をもたらした原因であることはあきらかです。**（→五三ページ「砂川裁判」最高裁判決）

しかし昭和天皇はまさに、沖縄メッセージでの提案につづき、ダレスへの「天皇メッセージ」によって、「日本側からの自発的な申し出」にもとづく日本全土への米軍の駐留を提案していたのです。

なぜそんなことを自分から提案しようとしたのか。その謎を解くカギは、この口頭メッセージがダレスに伝えられた日付にありました。一九五〇年六月二六日、その前日の六月二五日には朝鮮戦争が勃発していたのです。

「朝鮮でアメリカが負けたら、われわれ全員死刑でしょうなあ」

「口頭メッセージ」を文書化する作業のとき、松平康昌とそのほかの天皇の側近数名が、パケナムとともに葉山の御用邸の近くで数日合宿して、文面を考えたことがわかっています。その議論のなかで、ある天皇の側近のひとりが、

「朝鮮でアメリカが負けたら、われわれは全員死刑でしょうなあ」

と首筋をたたいて言ったということが、アメリカ側の文書（「ダレス文書」）に残されています（『裕仁天皇五つの決断』）。

つまり昭和天皇や、近衛のような大貴族だけでなく、天皇の側近など、日本の

「支配層《トップ・サイド》」の人びとの多くが、共産主義革命が起きたら自分たちは首をはねられると

本気で思っていたのです。そうした共産主義への恐怖が、安保村の誕生当初から存在

していた。

　三二一ページで近衛上奏文における共産主義への恐怖についてお話ししましたが、

三二七ページの「沖縄メッセージ」にも、実は省略した部分に次のような記述があっ

たのです。

「天皇はそのような措置〔＝米軍による沖縄の軍事占領の継続〕は、ソ連の脅威ばか

りではなく、**ソ連が日本に内政干渉する根拠に利用できるような『事件』を引き起こ**

すことを恐れている日本国民のあいだで、広く賛同を得るだろうと思っている」

　文中に書かれた、ソ連が事件を引き起こすことを恐れている「日本国民」とは、も

ちろん一般庶民のことではなく、「死刑」を恐れる日本の支配層のことでした。ソ連

が日本国内の共産主義者を使って内乱を起こし、それに乗じて一気に体制を転覆し

て、自分たちの首をはねてしまうのではないか。

　戦中から戦後へつづく、こうした共産主義革命への一貫した恐怖が、憲法九条二項

による「戦力放棄」とあいまって、沖縄や本土への米軍駐留継続の依頼へとつながっ

ていったのです。それは昭和天皇個人の判断というよりも、あきらかに日本の支配層

全体の総意だったといってよいでしょう。

昭和天皇から六月に口頭メッセージをもらったダレスは、

「これが今回の日本訪問でもっとも重要な成果だ」

と大変よろこんだといいます。そして八月の同メッセージの文書化をへて、翌年二月にダレスがつくった日米安保条約（旧）の前文には、

「日本国は、その防衛のための暫定措置として（略）日本国内およびその附近にアメリカが軍隊を維持することを希望する」

と書かれていました。つまり、あくまで日本側からの希望に、アメリカ側が応じる形で駐留するということになっていたのです。このことが、現在でも敵国条項（国連憲章第五三条・第一〇七条）が実質的に日本に適用されつづけている最大の原因だと私は思います。

条約や協定の交渉においては、基本方針の設定に加えて、いかに特殊なケースを想定して条文に例外事項（適用除外条項）をもぐりこませるか、それこそが担当者の腕の見せ所となります。合意文書全体の原則からは外れるわけですから、そのときもっとも重要になるのは「相手国自身が希望した」という体裁です。逆に言えば、そこさえクリアできていれば、国連憲章の起草にも深くかかわった国際法の権威ダレスにと

って、どんな異常な状況でも「合法化」することは、たやすいことだったでしょう。*

八九ページの秘密報告書にあるように、現在でも米軍は、日本全国どんな場所でも米軍基地にできる法的権利をもっています。どんなに低空でも飛ぶことができるし、事前連絡なしに部隊を移動させることもできます。これほどおかしな話はありません。

そうした日本のあまりにもおかしな現状は、国連憲章「敵国条項」の適用としか考えられないことをここまでのべてきました。しかし国際法上の論理構成はそうであっても、より本質的な原因としては、

「米軍駐留を日本側から、しかも昭和天皇が日本の支配層の総意として要請した」ところにあったといってよいでしょう。

*―軍部が当初考えていた「沖縄の戦略的信託統治」構想（三二九ページ）は、国連安保理でソ連の拒否権にあうことが確実となり撤回され、代わりにダレスによって「平和条約・第三条のトリック」（二八四ページ）が考えだされることになりました。

そこでもちいられた「過渡的施政権」という概念は、あきらかに敵国条項五三条の「関係政府の要請〔があるまで〕」や、同じく一〇七条の前提となる「〔国連軍が〕効力を生ずるまで（一〇六条）」、さらには集団的自衛権を定めた五一条の「安全保障理事会が（略）必要な措置をとるまでの

間」などという、安全保障の過渡的規定を発想の源流としています。そうした国連憲章内に存在する「過渡的《トランジショナル》（＝暫定的）」という概念の拡大解釈（恒常化）が、沖縄と日本全土の軍事占領を、そして民主国家アメリカの基地帝国化を可能にしたダレスの法的トリックでした。

「逆コース」の結果、戦後日本のなかに大きな矛盾が生まれてしまった

この沖縄だけではない、「日本の本土への米軍駐留」をめぐって生じた昭和天皇とマッカーサーの対立は、結局、昭和天皇の勝利に終わります。冷戦の始まりによってアメリカの世界戦略が変わり、対日軍事政策も、従来のマッカーサー路線（本土は非武装化し、代わりに沖縄を軍事要塞化する）から、冷戦対応型の新しい路線（沖縄にも本土にも巨大な米軍基地をおき、日本全体を反共の防波堤にする）に方向転換したからです。

アメリカによるこの大きな政策転換を、日本では「逆コースの始まり」と呼んでいます。そうした流れのなかで昭和天皇を中心とした日本の支配層も、マッカーサー（ＧＨＱ）からダレス（アメリカ国務省）へと軸足を移していきました。

昭和天皇がダレスへ秘密メッセージを送った翌年の四月、マッカーサーはトルーマン大統領から電撃的に解任されます。直接的な理由は朝鮮戦争におけるシビリアンコントロールを無視した行動でしたが、トルーマンが自信をもってこの「第二次大戦最大の英雄」を解任できた背景には、すでに昭和天皇と日本の支配層が軸足をダレスに移していたこともあったでしょう。

こうして占領期中に起きたアメリカの国家戦略の大転換によって、戦後日本という国家のなかに、

「すべての軍事力と交戦権を放棄した憲法九条二項」と、

「人類史上最大の攻撃力をもつ米軍の駐留」

が共存するという、きわめて大きな矛盾が生まれてしまった。そうした矛盾を内包したまま、「米軍が天皇制を守る」という非常に歪んだ形で、戦後日本（安保村）の国家権力構造が完成することになったのです。

民主主義世界のリーダーから、「基地帝国」へと変貌したアメリカ

一方、軍部の要請に押し切られ、沖縄を軍事要塞化し、さらには日本全土を「米軍

のとなりました。

の潜在的基地《ポテンシャル・ベース》」とする道を選択したアメリカでしたが、その副作用は非常に大きなも

思い出してください。あの大義なき二〇〇三年のイラク戦争で、ブッシュ大統領はイラクを「第二の日本」にすると表明していました。第二次大戦時の日本とちがい、イラクは国際法上、なんの罪も犯していませんでした。しかしそうした国を「テロ国家」とよんで爆撃し、占領したあと、銃を突きつけて「民主主義」を強要したあげく、永久に駐留をつづける。駐留経費はイラク自身に出させる。それがイラクを「第二の日本」にするという意味だったのでしょう。

けれどもその構想はイラク人の抵抗によって挫折しました。占領開始から八年後、米軍はイラクに巨大な政治的混乱と、劣化ウラン弾によって病気になった多くの子どもたちをのこしたまま、撤退せざるをえなかったのです。かつて大西洋憲章で「領土不拡大」と「民族自決」、そして「すべての国の民族が恐怖と欠乏から解放されてその生命をまっとうできるような平和の確立」を高らかにかかげ、世界中の国々をその理想に糾合《きゅうごう》した民主国家アメリカの、なんという堕落でしょうか。**皮肉なことにいまやアメリカ自身が、七〇年前にみずからが提唱した国連の理念の最大の破壊者となっているのです。**

私がもっとも尊敬するイギリスの歴史家J・M・ロバーツ氏（創元社刊『図説 世界の歴史（全一〇巻）』著者）は、「かつて共和制ローマが巨大帝国への道を歩んだのは、小さな海外属州シチリアを手に入れたことが始まりだった」とのべています。

その言葉を借りれば、大西洋憲章の理想をかかげて、戦後、民主主義世界のリーダーとなったアメリカが、現在のような「基地帝国」への道を歩むようになった始まりは、沖縄の領有をめぐって国務省と軍部が激しく対立し、結局軍部が勝利をおさめた一九四七年にあったと言えるかもしれません。* そして残念ながら、その軍部の勝利に大きな力を貸したのが、昭和天皇と日本の支配層がダレスに送った「沖縄メッセージ」だったのです。

＊―フランスの国際法学者ジャン・ロッシュは、「信託統治における主権」（一九五四年）という論文のなかで、沖縄の軍事占領を可能にした「平和条約第三条の法的トリック」（二八四ページ）について、「**他国の領土を併合することなく、併合と同じ利益を実現する手段として、これほど巧妙な方法を私は知らない。**（略）それらの地域（沖縄や小笠原）は、併合されてもおらず、信託統治制度にもとづく非自治地域でもない。**そこに存在するのは**（略）**ただ恐怖におびえた顔をもつ『法的怪物《モンストル・ジュリディック》』なのである**」とのべています。

第二次大戦後、大西洋憲章でかかげた領土不拡大と民族自決の原則によって、「植民地帝国」だった同盟国イギリスを法的・倫理的に圧倒し、世界覇権を奪うことに成功したアメリカでしたが、以後、**こうした法的怪物を世界各地につくりだし、事実上の併合をおこなうことで、みずからが「基地帝国」へと変貌していったわけです。**

日本国憲法のふたつの欠点

PART3で、GHQが書いた日本国憲法の内容は、当時の日本人には絶対に書けない非常に良いものだったとのべました。しかしこの憲法には重大な欠点がふたつあります。

ひとつはすでにお話ししたとおり、「自分で書いていない」ということ。いくら紙に書かれていようと、その内容を命がけで守るという社会勢力（当初の制定勢力）がいなければ、どんな理想も絵に描いたモチに終わってしまいます。それがいま、まさに日本に起きていることだと私は思います。

もうひとつは憲法九条二項ですが、この問題を議論するときになにより重要なのは、九条一項（戦争放棄）と二項（戦力および交戦権の放棄）をはっきり分けて議論するということです。

ひとつ、突飛な例をあげて説明させてください。『戦後史の正体』をお読みになったみなさんはよくご存じのとおり、たとえば北方領土問題を、「北方四島」の問題としてひとくくりに論じ始めると、問題が永遠に解けなくなってしまいます。

というのも歯舞《はぼまい》、色丹《しこたん》の二島は、地形的に完全に北海道の一部（属島）であり、日本の領土であることが確定した地域です。一方、国後《くなしり》、択捉《えとろふ》は日本がサンフランシスコ平和条約で放棄することに合意した「千島列島」に含まれており、日本政府も平和会議の議事録や当時の国会答弁などで、この二島が「南千島」であることを公式に認めていました。

ですから返還を求めるにせよ、共同開発を提案するにせよ、国後、択捉についてはまずロシア側の権利を認めたうえで話し合う必要があり、「北方四島」とひとくくりにして「絶対に全部返還せよ」などと主張すると、永遠にロシアと合意することはできない。またそれが、ダレスの仕組んだ日本とロシア（旧ソ連）を永遠に離反させるためのトリックでもありました。

日本国憲法の九条一項と二項の問題にも、それと似た側面があります。**「憲法九条を守れ」とひとくくりに主張してしまうと、米軍を撤退させることが永遠にできなく**

なってしまうのです。だから問題をはっきり分けて議論する必要がある。実際の条文を見てみましょう。

「日本国憲法　第九条

（一項）日本国民は、正義と秩序を基調とする国際平和を誠実に希求し、国権の発動たる戦争と、武力による威嚇又は武力の行使は、国際紛争を解決する手段としては、永久にこれを放棄する。

（二項）前項の目的を達するため、**陸海空軍その他の戦力は、これを保持しない。国の交戦権はこれを認めない**」

まず九条一項の「国際紛争を解決する手段としての戦争および武力行使の放棄」ですが、これは一九二八年のパリ不戦条約の流れをくむ、国連憲章の理念そのものといってよい条文です。

「国連憲章　第二条

三　すべての加盟国は、その国際紛争を平和的手段によって（略）解決しなければならない。

四 すべての加盟国は、(略) 武力による威嚇または武力の行使を (略) 慎まなければならない」

この条文は多くの挫折を経験しながら、現在もなお国際社会の基礎でありつづけています。こうした不戦条項は日本だけのものでなく、イタリアやフィリピンなど、多くの国にも存在します。(→三六一ページ)

ですから九条一項については問題もないから議論する必要もない。とりあえず、忘れていただいてけっこうです。憲法九条問題とは、つまりは九条二項問題であることをつねに認識しておく必要があります。

事実、九条二項には大きな問題がある。なぜなら、この条文に書かれた「陸海空軍その他の戦力の放棄と、交戦権の放棄」は、たしかに大西洋憲章やダンバートン・オークス提案(国連憲章の原案)の段階まではその理念として存在していたけれども、残念ながら国連憲章そのものの理念には、ついになりえなかったという歴史的事実があるからです。

その最大の原因はすでにのべたとおり、「集団的自衛権」というまったく新しい概念が最終段階で国連憲章（第五一条）に加えられたところにあったわけですが、それはあとから歴史を振り返ってみて初めてわかることで、九条二項が書かれた一九四六年二月の時点では、マッカーサーもケーディスもまだその意味を知るはずもありませんでした。だから九条二項の「戦力と交戦権の放棄」は、あくまで「国連が世界政府として機能すること」、つまり「正規の国連軍が編成され、戦争する権利を独占すること」を前提として書かれているのです。

ところが冷戦の開始により、国連憲章にもとづく国連軍の編成は実現不可能となりました。そして国連憲章五一条（集団的自衛権）が猛威をふるい始め、「個別国家の戦争＝違法」という国連の理念は見果てぬ夢に終わります。この大きな世界史上の反転により、日本国内に「すべての戦力と交戦権を放棄した憲法第九条二項」と「人類史上最大の攻撃力をもつ米軍の駐留」という絶対的な矛盾が生まれてしまった。その巨大な矛盾が占領終了後も放置され、砂川裁判で爆発した結果、法治国家崩壊という現状をまねいてしまったことはすでにご説明したとおりです。

九条二項の負の起源、「連合国による武装解除」

加えて重要なのは、私たち日本人にとって見たくない現実ですが、九条二項には非常に大きな負の起源があるということです。大西洋憲章・第八項（↓二五四ページ）を見てください。そこにはこう書かれています。

「もしも陸、海、空の軍事力が、自国の国外へ侵略的脅威をあたえる〔略〕可能性のある国によって使われつづけるなら、未来の平和は維持されない。そのため〔英米〕両国は、〔略〕一般的安全保障制度〔＝のちの国連〕が確立されるまでは、**そのような国々の武装解除は不可欠であると信じる**」

武装解除が不可欠な「そのような国々」とは、イタリアが降伏した一九四三年九月以降、主にドイツと日本をさしています。九条二項の起源には、そうした「敗戦国の武装解除」という側面があきらかにあるのです。

思い出してください。国連憲章の「敵国条項」〔五三条改正案〕の執筆者ヴァンデンバーグは、「〔敵国条項の〕主な目的は、**ドイツと日本の永久的かつ有効な非武装化**であり、それら二ヵ国の支配である」とのべていました。

みずから希望して九条を執筆したケーディスも、その主な目的は、
「日本を永久に武装解除されたままにしておくことでした」とのべています。

つまり九条二項は、「日本人の不戦への祈り」がこめられた条文であると同時に、そうした大西洋憲章から国連憲章「敵国条項」へとつづく、「日本の永久的武装解除＝侵略政策の再現阻止」という負の起源を、あきらかにもっているのです。これまで説明してきたとおり、日米安保条約にもとづく米軍の駐留にも、同じくそうした側面があります。

歴史を振り返ってみるとそれは当然の話で、私もこの本を書く過程で知って驚いたのですが、国連憲章の条文を定めた一九四五年のサンフランシスコ会議*で、「敵国条項」を書いたアメリカの上院議員ヴァンデンバーグの「アドバイザー」（アメリカ代表団首席顧問）をつとめていたのは、あのジョン・フォスター・ダレスだったのです。そうです。これまで本書に何度も登場した、一九五一年にサンフランシスコ平和条約と日米安保条約をつくり、日本全土への無期限・無条件での米軍駐留を決定したあのダレスです。

だから私たち日本人の知らないところで、在日米軍基地と憲法九条二項、そして国連憲章の問題は密接にリンクしている。このうちどれかひとつでも問題を解決しよう

と思ったら、必ず三つをセットで考える必要があるということを最後に強調しておきたいと思います。

＊―正式な名称は「国際機構に関する連合国会議」。アメリカ、イギリス、ソ連、中華民国の四大国(Big Four)によって招集され、一九四五年四月二五日から六月二六日にかけて、サンフランシスコで開かれました。

本当の意味での「戦後体制《レジーム》からの脱却」とは

ここまでお読みになっておわかりのとおり、私は米軍撤退論者なのですが、それを公言すると、

「じゃあ、九条二項をどうするんだ。お前は平和ボケか、それとも脳内お花畑か」などという悪口がすぐに飛んできます。

では九条二項をどう変えるか。これにはもちろん細心の注意が必要ですが、基本的には技術論だと思います。最低限の自衛権と防衛力をもつということに関しては、す

でに国民的合意はあるからです。たとえば現在の二項をやめて、代わりに「自衛のための必要最小限の防衛力はもつが、集団的自衛権は放棄する」という、従来の政府見解を明文化するのもひとつの考えでしょう。険しい孤高の道ですが、やってやれないことはないと思います。

しかし私がおすすめしたいのは、日本と同じく戦争放棄条項をもつ、フィリピンやイタリアの憲法から学んで[*1]、二項を、

「前項の目的を達するため、日本国民は広く認められた国際法の原則を自国の法の一部として取り入れ、すべての国との平和および友好関係を堅持する」

とすること、つまり国連中心主義の立場をあきらかにすることです。フィリピンはこれとほぼ同じ条文のもとで米軍を撤退させ、しかもアメリカとの安全保障条約を継続しています。したがうべきなのは国際法の原則ですから、アメリカの違法な戦争につきあう必要もありません。

本書および「〈戦後再発見〉双書」ではこれまで、日米安保条約と日米地位協定が日本国憲法の上位に君臨し、日本人の主権を侵害している現状を「これでもか」というほど書いてきました。

しかし本来、日本が「主権の制限に同意」（イタリア共和国憲法）したうえで「自国

の法の一部として取り入れる」（フィリピン共和国憲法）必要があったのは、そうしたアメリカとの軍事協定ではなく、国連憲章を中心とした「国際法の原則」だったはずなのです。「戦後日本」はスタート時に、そのボタンを決定的にかけちがってしまった。

その最大の原因は、やはり国連軍構想が実現不可能になったあとも、手つかずで放置されたこの九条二項にあったと言えるでしょう。日本人自身が憲法をつくっていなかったため、国際環境の変化に応じて独立時に内容を修正することができなかったのです。

しかし、九条二項の具体的な条文については、自説を強く主張するつもりはありません。そこは徹底的に議論すればいいでしょう。とにかく国連憲章本来の精神にもとづき、専守防衛のしばりをかけた最低限の防衛力をもつことを決めて、それを憲法に反映させる。

なにより重要なのは、そのとき同時に、今後は国内に外国軍基地をおかないこと、つまり米軍を撤退させることを必ず憲法に明記し、過去の米軍関係の密約をすべて無効にするということです。

なぜならこれもほとんど知られていないことですが、日本国内で有事、つまり戦争

状態になったとアメリカが判断した瞬間、自衛隊は在日米軍の指揮下に入ることが密約で合意されているからです。古関彰一・獨協大学名誉教授がアメリカの公文書から見つけました。吉田茂首相が一九五二年七月と一九五四年二月の二度、アメリカに口頭で約束しています。(「日米会談で甦る30年前の密約(上・下)」『朝日ジャーナル』一九八一年五月二二日号、二九日号)

本書で何度か日米合同委員会という「ウラの最高決定機関」についてお話ししましたが、この組織が誕生した原因は、実はこの「統一指揮権密約」にあるのです。一九五一年二月、日米安保条約をめぐる最終交渉でダレスから、日本を再軍備させたうえで、その軍隊を米軍の指揮下におくという条約案を見せられたとき、吉田首相はこんな取り決めが国民の眼にふれたら大変だ、どうしても削除してほしいと頼んだ。

その代わりに、今後そうした在日米軍に関するさまざまな問題を議論するため、合同委員会を設けたいという提案をしたのです。そのうえで翌一九五二年七月、口頭で戦時には米軍が「日本軍」を指揮することを了承した。つまり、そういうもっとも重要な問題については条文に明記せず、非公開の合同委員会のなかで、あたかも対等に協議しているようなふりをしながら、必ずアメリカの要求どおり決めることにしたわけです。それが「安保村の幹部養成機関」である日米合同委員会の起源なのです。

ＰＡＲＴ３で、憲法についての日本の悲劇は、「悪く変える」つまり「人権を後退させる」という勢力と、「指一本ふれてはいけない」という勢力しかなく、「良く変える」という当然の勢力がいないことだと書きましたが、その理由はおそらくこの「統一指揮権密約」にもあるのでしょう。そうした現実に、実は日本人は本能的に気づいていた。

オモテの憲法をどう変えても、その上位法である安保法体系、密約法体系との関係を修正しないかぎり、「戦時には自衛隊は在日米軍の指揮下に入る」ことになる。「戦力」や「行動の自由」をもてばもつほど、米軍の世界戦略のもとで、より便利に、そして従属的に使われるというパラドックスにおちいってしまいます。二〇一四年七月一日に安倍政権が閣議決定した「解釈改憲による集団的自衛権の行使容認」の先にあるのは、そうした「密約の現実化」に、ほかならないのです。

ですから「オモテ側の役者」である安倍首相をいくら批判しても、この大きな流れを食い止めることはできません。長年リベラル派が闘ってきたように「憲法には指一本ふれるな」といって食い止めることも、もうできない。唯一、状況を反転させる方法は、憲法にきちんと「日本は最低限の防衛力をもつこと」を書き、同時に「今後、国内に外国軍基地をおかないこと」を明記すること。つまり「フィリピンモデル」です。

そして米軍を撤退させ、米軍駐留の結果として機能停止状態におちいった日本国憲法の機能を回復させる。日本がふたたび侵略的な戦争をする国になることを防ぎ、加えて「大地震の活動期を目前にした原発再稼働」という狂気の政策を止めるには、この方法が最善です。

なぜ私がそこまで断言できるかというと、それが私が頭のなかで考えた「政策提言」などではなく、戦後世界において巨大な帝国に占領され、主権を失った国が、主権を回復するための「セオリー」だからです。憲法を自分たちの手で書き、それにもとづき占領軍を撤退させる。それが最善の道なのです。

日本人と同じくフィリピン人も、米軍撤退後のアメリカとの関係を非常に心配したそうです。「この世の終わりが訪れるのではないか」などという人までいた。しかしすでにのべたとおり、日米安保条約と双子のような出自をもつ、アメリカとフィリピンの安全保障条約（「米比相互防衛条約」）は、その後も破棄されることなくつづいています。日本も腹をくくって、外国軍基地の全廃というごく当たり前の政策を堂々と主張すればいいだけの話です。

一九四六年六月の「非軍事化したうえでの沖縄返還構想」（↓三三〇ページ）を見れ

ばわかるように、もともとアメリカ国務省の良識派とアメリカ国民は私たちの味方なのです。

また軍部（国防総省）でさえ、一九七二年の沖縄返還に際しては財政上の理由から、沖縄に駐留する全海兵隊の本国西海岸への移転が合理的だという分析をおこなっていました（沖縄国際大学の野添文彬講師の発掘したオーストラリア外務省の公文書による。「沖縄タイムス」二〇一三年一一月八日）。しかしそのとき、自国の防衛力への不安から、お金を払ってでも海兵隊に沖縄にいてもらう方向へ話をもっていったのは、むしろ日本政府のほうだったのです。また一九九五年の海兵隊員による少女暴行事件のときも、沖縄だけでなく、日本全土からの完全撤退さえ想定していたアメリカのモンデール駐日大使に対し、日本側が米軍の駐留継続を希望したことがわかっています。

（「琉球新報」二〇一四年九月一四日）

だから私たちが、はっきりと自分の意思を表明すれば、必ず状況は大きく動き始めます。

「この改正憲法の施行後、外国の軍事基地、軍隊、施設は、国内のいかなる場所においても許可されない」

この条文を一行、憲法に書きこむことができれば、それでゲームセット。[*2] この長い長い戦後の対米従属の物語と、米軍と日本の支配層が一体化した安保村の歴史も、終わりをむかえることになるのです。同時にアメリカ国民自身が被害者であるアメリカの基地帝国化も、縮小の方向へ向かうでしょう。だからゴールの姿は見えている。あとは逆算して、どうすればそこにたどりつけるか、考えればいいだけなのです。

憲法の正しい書き方がわからなければ、一九八六年から一九九二年にかけてフィリピンの人たちがなにをやったかを調べて真似すればいい。そしてもし本当に敵国条項が障害となり、フィリピンモデルだけではむずかしい状況があれば、そのときは一九九〇年に第二次大戦の戦勝四ヵ国と「事実上の平和条約」を結んで、その四年後に駐留軍を撤退させ、「占領体制」と完全に決別したドイツの歴史に学べばいいのです。

三〇五ページの『国際連合憲章逐条解説』を読んでわかるのは、敵国条項をなくす唯一の道は、決して国連での決議や根まわしではなく、周辺諸国との和解、関係改善だということです。本当の意味での「戦後体制《レジーム》からの脱却」とは、そのためにドイツのように国家として誠心誠意努力し、周辺国からの根強い不信感を払拭することなのです。そしてその先に、ＡＳＥＡＮやＥＵ（または本来の国連）のような「不戦共同体」を、東アジアの地に創設することなのです。

一九七〇年代のドイツにとって、もっとも重要な課題はソ連からの信頼を得ることでした。二〇一〇年代の日本にとって、もっとも重要な課題が中国と韓国とロシアからの信頼、そしてアメリカの軍部ではなく国務省からの信頼であることは、言うまでもありません。それが主権国家として真に独立するための唯一の道なのです。それなのに「過去の記憶」をみずから喪失した安保村の面々は、現在、真逆のことばかりやろうとしているのです。

重要なのは「安保村」の歴史と構造を知り、一九四五年の時点にもどったつもりで、もう一度周辺諸国との関係改善をやり直すこと。そして米軍基地と憲法九条二項、国連憲章の問題を、ひとつの問題としてとらえ、同時に解決できるような状況をつくりだすこと。それは過去七〇年のあいだにドイツが歩んだ道に比べれば、はるかに楽な道となるはずです。

＊1──日本国憲法の九条一項にあたる、フィリピンの戦争放棄条項は次のとおりです。

「フィリピンは国家の政策を遂行する手段としての戦争を放棄し、広く認められた国際法の原則を自国の法の一部として取り入れ、すべての国との平和、平等、正義、自由、協力、友好という政策《ポリシー》を堅持する」（「一九八七年フィリピン共和国憲法」第二条二項）

一方、日本と同じ旧敵国であるイタリアの戦争放棄条項は次のとおりです。

「イタリアは、他国民の自由を侵害する手段としての戦争を放棄し、国際紛争を解決する手段としての戦争を放棄する。**他の国々と同じ条件の下で、国家間の平和と正義を保障する体制に必要な主権の制限に同意し、この目的をもつ国際組織を促進し支援する**」（「一九四八年イタリア共和国憲法」第一一条）

右の太字部分が「新しい九条二項」を考えるうえでのヒントになります。第二次大戦の敗戦国（旧敵国）が「主権の制限（戦力と交戦権の放棄）」をみずから憲法に書きこむとき、それは決して基地帝国に軍事占領され、その指示のもとに他国を攻撃するためではなく、その先に「他の国々と同じ条件の下」で、本文中でのべたような不戦共同体を創設するためでなければならないはずなのです。それこそが、日本人が誇りにしてきた憲法九条の本来あるべき姿だと私は思います。

＊2──一九九二年に米軍を完全撤退させた、フィリピンの外国軍基地撤廃条項は次のとおりです。

「一九九一年のフィリピン共和国とアメリカ合衆国の間の軍事基地に関する協定の満了以後、上院によって正当に合意され、議会の要求がある場合には、それを目的とした国民投票に於いて民衆によって投ぜられた多数票によって批准され、かつ相手方によって条約として承認された条約によらない限り、**フィリピン国内においては外国軍事基地、軍隊あるいは施設は許可されない**」（「一九八七年フィリピン共和国憲法」第一八条二五項）

あとがき

現在から過去へさかのぼる形で、大急ぎで戦後の七〇年を概観してきました。けれども気がついてみれば、グルッとひとまわりしてもとの場所にもどってきたような気がします。現実の社会を見ると、二〇一二年の野田首相の自爆解散によって民主党が壊滅し、安倍政権が誕生してから、日本はふたたび戦前のような全体主義国家にもどろうとしているかのように見えるからです。

くり返しになりますが、結局、決め手は憲法です。憲法によって政府の暴走をとどめ、戦争を防ぎ、人びとの人権を守るしかない。でもいったい、いまの憲法をどう変えればいいのか。

ここで、タイムスリップしたつもりでイメージしてみてください。あなたは敗戦直後の、焼け野原になった東京の町に立っています。これから新しく再スタートを切る日本のために、憲法の草案を書くという大役を任されることになりました。いったい、どこからどう手をつければいいでしょうか……。

七〇年前、まさにそういう立場に立たされたのが、当時四二歳だったGHQのマイロ・ラウエル陸軍中佐でした。当時、民政局の法規課長だったラウエルは、実はアメリカ陸軍が日本の憲法と政治制度の専門家とするべく、特別な教育をほどこし、養成した人物だったのです。

GHQが日本国憲法の草案を書く三ヵ月前（一九四五年一一月）、ラウエルは憲法改正のための準備作業として、大日本帝国憲法（明治憲法）を分析するよう命じられます。テーマは、

「なぜ戦前から戦中にかけて、日本の軍部は国政を私物化できるようになったのか。その原因を、大日本帝国憲法のどこに欠陥があったかという点から分析せよ」

というものでした。そしてそれから一ヵ月後の一二月六日、彼は「日本の憲法についての準備的研究と提案」というレポートを司令部に提出したのです。（『日本国憲法制定の過程Ⅰ　原文と翻訳』高柳賢三・大友一郎・田中英夫編著／有斐閣）

その結論は、次のとおりでした。

「過去の日本における政治権力の運用《オペレーション》を分析した結果、数多くの権力の濫用《アビューズ》

があったことがわかった。そうした濫用が過去二〇年間にわたり、軍国主義者たちに日本政府を支配させ、国政を私物化することを可能にしてきた。（略）日本に民主主義的な傾向がしっかりと根づくためには、次のような悪弊《アビューズ》を是正することが必要である。

○国民に、きちんとした人権が認められていないこと
○天皇に直結し、国民の意思を反映する責任のない憲法外の機関があること（略）
○裁判所が裁判官ではなく、検察官によって支配されていること。両者はともに天皇の意思の代理人であること
○政府のあらゆる部門に対して、憲法によるコントロールが欠けていること
○政府が国民の意思を政治に反映させる責任を負っていないこと
○行政部門が立法行為をおこなっていること」（原文からの著者訳）

これは本当に驚きです。それから七〇年たったいまと、ほとんど変わらない日本社会の問題点を、当時四二歳だったラウエルが、わずか一ヵ月の分析で指摘しているのです。

このレポートを読むと、昔もいまも日本社会の最大の欠点は、

「政府のあらゆる部門に対して、憲法によるコントロールが欠けており」、

その結果、

「国民の意思が政治に反映されず、国民の人権が守られない」

ことだとわかります。

そしてその最大の原因は、やはり天皇制というシステムのなかに、憲法を超える(=オーバールールする)機能が内包されているからだということもわかります。

戦前の日本では、裁判所(=司法)が「天皇の意思」の代理人である検察(=行政)によって支配され、立法も「天皇の命令(勅令)」という形で官僚(=行政)が自由におこなえるようになっていた(大日本帝国憲法第九条)。

本書をここまでお読みになってくださったみなさんには、そうした憲法よりも上位にあった「戦前の天皇」の位置に、戦後は「天皇+米軍」という新しい国家権力構造がすっぽりと収まったこと、そして昭和天皇が亡くなるとそこから「天皇」が消え、米軍と外務・法務官僚が一体化した「天皇なき天皇制」が完成してしまったことが、よくおわかりいただけたと思います。

簡単にまとめると、左のようになります。

日本の国家権力構造の変遷

戦前（昭和前期）
天皇＋日本軍＋内務官僚

戦後①（昭和後期）
天皇＋米軍＋財務・経済・外務・法務官僚＋自民党

戦後②（平成期）
米軍＋外務・法務官僚

こうした事実上の行政独裁体制は、短期間で大きな国家目標（明治期の富国強兵や昭和期の高度経済成長など）を達成することもできますが、その反面、環境の変化に応じて過去の利権構造を清算し、方向転換することができない。外部要因によってクラッシュするまで、ひたすら同じ方向に進み続けてしまう。それが日本人全員に大きな苦しみをもたらした第二次世界大戦や、地震大国における原発再稼働という狂気の政策を生む原因となっているのです。

そのような天皇制のもつ弊害、もっと言えばそのからくりについては、ラウエルと同じく、敗戦直後の日本人も、実はよくわかっていたのです。その代表が、ラウエル・レポートからちょうど一年後の一九四六年一二月に、『続堕落論』を発表した作家の坂口安吾でした。

「天皇制というものは日本歴史を貫く一つの制度ではあったけれども、天皇の尊厳というものは常に利用者の道具にすぎず、真に実在したためしはなかった。

（略）

自分みずからを神と称し絶対の尊厳を人民に要求することは不可能だ。だが、自分が天皇にぬかずくことによって天皇を神たらしめ、それを人民に押しつけることは可能なのである。そこで彼らは天皇の擁立を自分勝手にやりながら、天皇の前にぬかずき、自分がぬかずくことによって天皇の尊厳を人民に強要し、その尊厳を利用して号令していた。

（略）見たまえ。この戦争がそうではないか。（略）ただ軍人の意志である。満州の一角で事変の火の手があがったという。華北〔中国北部〕の一角で火の手が切られたという。はなはだしいかな、総理大臣までその実相を告げ知らされていない。何たる軍部の専断横行であるか。しかもその軍人たるや、かくのごとくに天皇をないがしろにし、根柢《こんてい》的に天皇を冒瀆《ぼうとく》しながら、盲目的に天皇を崇拝しているのである。ナンセンス！　ああナンセンス極まれり」

現在、右派の面々が、「もっと日本の国柄《くにがら》にあった憲法に変えていかなければならない」というときの国柄とは、こうした構造のことをさしているのです。

私は政治的には中道・リベラル派の人間ということになるのでしょうが、現在の明仁天皇、美智子皇后のおふたりに対しては、大きな尊敬の念をもっています。

本書でこれまでのべてきたような、沖縄、福島で起きている重大な人権侵害、官僚や政治家たちによる立憲主義の否定。そうした問題について間接的な表現ながら、はっきりと遺憾の念を公式に表明されているのは、国家の中枢においてはおふたりだけだからです。

しかし天皇制自体は、もっと政治から切り離さなければいけない。文化的象徴・精神的象徴の枠内にとどめ、そのなかで、むしろ皇室の方々の人権（言論の自由、思想信条の自由、婚姻の自由、職業選択の自由など）を保障していかなければならない。

明仁天皇自身、まだ皇太子だった一九八四年、結婚二五周年の記者会見で、こうのべられたことがありました。

「政治から離れた立場で国民の苦しみに心を寄せたという過去の天皇の話は、象徴という言葉で表すのに最もふさわしいあり方ではないかと思っています。私も日本の皇室のあり方としては、そのようなものでありたいと思っています」

これは明仁天皇、美智子皇后の一貫したお考えなのです。

一九七五年（昭和五〇年）の夏、皇太子だった明仁天皇は、美智子妃とともに初めて沖縄を訪問されました。このとき、ひめゆりの塔の前で過激派に火炎ビンを投げられ、現場は大混乱におちいりますが、それでも予定を変えず、煙を大量に吸い込んだ服も着替えず、沖縄戦の戦跡をめぐって慰霊の祈りを捧げられたのです。

そのときの思いを明仁天皇は、「琉歌《りゅうか》*」とよばれる沖縄の古い歌の形にのせて、次のように詠《よ》まれています。第二次大戦でもっとも多くの犠牲者を出し、戦後も苦難の道を歩んだ沖縄の人びとの魂をなぐさめるため、明仁天皇は長い時間をかけてこの歌の形式を学ばれていたのです。

花ゆうしゃぎゆん（花を捧げます）
人知《ふぃとぅし》らぬ魂《たましい》（人知れず亡くなっていった多くの人の魂に）
戦《いくさ》ねらぬ世《ゆ》ゆ（戦争のない世を）
肝《ちむ》に願《にが》てぃ（心から願って）

おそらくみなさんも、思いは同じだと思います。だから歴史をさかのぼり、もう一度初めからやりなおしましょう。犠牲者の魂をなぐさめ、みずからの欠点をあらためて、二度と戦争をしない国をつくるために。この琉歌のように、人知れず命を奪われた声なき人びとの苦しみと悲しみに深く思いをよせ、心のなかで、みんなで手と手をつなぎながら、新しい国の形をこれから探していきましょう。

＊――琉歌は和歌や俳句と同じ定型詩で、「八・八・八・六」を基本形とします。

著者自身による解説――「五年前の私」への報告

日本の戦後史には、いくつかの盲点がある。

今回、自分が書いた本の解説を書くという、めったにない機会をあたえてもらったので、私が過去八年間にわたっておこなってきた日米密約研究のまとめを、日本の戦後史に存在する「三つの盲点」という観点から、できるだけ簡潔に説明してみたい。

「横田空域」「日米合同委員会」「日米地位協定」など、私がこれまでずっと本に書いてきた、あまりに異常な「戦後日本」と米軍の関係は、いまでは地上波のTV番組でも取り上げられ、かなり多くの人に知られるようになってきた。

しかし、ではいったいなぜ、世界で日本だけがそうした異常な状況にあるのか。

五年前に書いた本書では、その問いが『日本はなぜ、「基地」と「原発」を止められないのか』というタイトルによって表現されている。以下、当時の自分に向かって報告書を書くようなつもりで、その問いに答えることにしたい。

■安保条約はアメリカの軍部が書いた

まず、問題は大きく二つに分かれる。

（1）なぜ、これほど異常な状況が生まれたのか

（2）なぜ、これほど異常な状況が続いてしまったのか

この（1）の問題をあっけなく説明してしまうのが、左上の人物だ。カーター・B・マグルーダー陸軍少将。彼が日本の戦後史における第一の盲点である。

おそらく彼の名前を聞いたことがある人は、ほとんどいないだろう。だが「戦後日本」という国家にとって、実はこれほど重要な人物もいない。というのはこのマグルーダーこそが、現在まで続く、日米安保条約と日米地位協定の本当の執筆者だからである。

カーター・B・マグルーダー陸軍少将（1900-1988）

ではなぜ他国との条約を、本来の担当であるアメリカ国務省ではなく、軍人が書くことになったのか。その理由は旧安保条約が調印された一九五一年の、前年（一九五〇年）六月に起きた朝鮮戦争にあった。

この突如始まった戦争で米軍は当初、北朝鮮軍に連

戦連敗する。その後も苦戦が続くなか米軍は、それまで一貫して拒否していた日本の独立（＝占領終結）を認める代わりに、独立後の日本との軍事上の取り決め（安保条約）については、本体の平和条約から切り離して軍部自身が書いていい、朝鮮戦争への協力を約束させるような条文を書いていいという、凄腕外交官ジョン・フォスター・ダレスの提案に合意したのだった。

なので先の（1）への答えは非常に簡単だ。日米安保条約や地位協定は、もともとアメリカの軍部自身が書いたものだった。しかも平時に書いたのではなく、戦争中に書いた。だから米軍にとって徹底的に都合の良い内容になっているのは、極めて当然の話なのだ。

その取り決めの本質は、左の旧安保条約・第一条のなかにすべて表現されている。

旧安保条約・第一条（一九五一年九月八日調印）（要約）

「アメリカは米軍を、日本およびその周辺①に配備する②権利を持つ」

この②の部分が日本の国土の「自由使用」、①の部分が「自由出撃」（日本の国境を自由に越えて行う他国への攻撃）を意味している。その二つの権利を米軍は持つということだ。そしてこの短い条文が意味する具体的な内容を、さまざまな状況別に条文化したものが、安保条約と地位協定（当時は行政協定）、そして無数の密約なのである。

いうまでもなく、そうした国家の主権を完全に他国に明け渡すような条約を結んでいる国は、現在地球上で日本以外にない。つい最近、二一世紀になってからアメリカに戦争で負けたイラクやアフガニスタンでさえ、米軍がそれらの国の許可なく、国土の「自由使用」や「自由出撃」をおこなうことなど絶対にできない。いくら戦争でボロ負けしようと、占領が終われば国際法上の主権国家なのだから、それが当然なのである。

■インチキだった安保改定

ところが日本だけはそうなっていない。その理由もまた、ひとことで説明することができる。安保改定がインチキだったからだ。一九六〇年に「対等な日米新時代」をスローガンにして岸首相がおこなった安保改定により、旧安保時代のような事実上の占領状態はなくなったと日本人はみんな思っている。ところが岸は安保改定交渉が始まる前年、訪米しておこなったアイゼンハワーとの首脳会談で、次の内容に合意していたのである。

「日本国内の米軍の配備と使用については、アメリカが実行可能な場合はいつでも協議する」（部分）（会談後の共同声明 一九五七年六月二一日）

三七四ページの旧安保条約・第一条に書かれた、「日本の国土の自由使用」と「自由出撃」という植民地同然の権利。それが安保改定後もそのまま存続することが、このとき確定した。というのも岸による安保改定の目玉は、米軍の自由な軍事行動に日本側が制約をかける「事前協議制度」の創設にあったのだが、その「事前協議」の本質が「米軍がやりたくない場合はやらなくていい」ものだということが、ここで合意されてしまったからである。

その後結ばれた新安保条約、日米地位協定と、その他無数の密約は、やはりこの共同声明の一行を、細かく条文化する形で生まれたものといってよい。そしてその過程で、日本の戦後史における二つ目の盲点が生まれる。左ページの漫画の2コマ目にある「討議の記録」という名の「密約中の密約」である。

これはいわば先の共同声明の内容（事前協議制度の空洞化）を、ＡＢＣＤ四つの具体的な密約条項に書き換えた《パラフレーズした》ものといえる。漫画にあるように、ＡとＣが日本の国土の自由使用、BとDが日本の国土からの自由出撃についての密約である。新安保条約調印の約二週間前（一九六〇年一月六日）に藤山外務大臣によってサインされている。

冒頭の「(2) なぜ、これほど異常な状況が続いてしまったのか」という問いへの

占領下で合意された旧安保条約
ダレス国務長官
吉田首相
その極端な不平等条約がなぜ70年たった今もまだつづいているのか？
その理由はこれ！
第1項
岸・ハーター交換公文
（新安保条約の正式な付属文書）
第2項
4つの密約条項
A 日本の国土の自由使用①
B 他国への自由出撃①
C 日本の国土の自由使用②
D 他国への自由出撃②
安保改定時に結ばれた日米密約の王様「討議の記録」
密約の存在を認められない日本の外務省は
北米局長室
触らぬ神に祟りなし
「討議の記録」を北米局長室の金庫にしまい込み「効力はない」とした
しかしアメリカはその内容を引き継ぐ新たな2つの密約をつくり
日米合同委員会
基地権密約
日米安保協議委員会
朝鮮戦争・自由出撃密約
それぞれを密室の協議機関に引き継ぐことで 再び日本の軍事主権を奪い取っていったのだった

答えは、この密約文書ひとつですんでしまう。ひとことでいうとこの密約は、旧安保時代の米軍の権利は、ほぼすべてそのまま引き継がれるという内容の密約だからだ。

ところがこの「日米密約の王様」ともいうべき最重要文書のことを、やはり日本の官僚もジャーナリストも、ほとんど知らない。その理由は外務省が長らくこの文書の存在を否定し続け、二〇一〇年にようやくその存在を認めたあとも、一貫して文書の効力を否定し続けているからだ。

■新たに切り出された二つの密約

昨年、この「討議の記録」について改めて調べ直したとき、非常に重大な発見をしたのでここで報告しておきたい。それが本稿最後の「三つ目の盲点」である。

この「討議の記録」というあまりに重大な密約文書を、岸が次の池田政権に引き継がなかったため、その後、池田政権の大平外務大臣と外務省は大混乱におちいることになるのだが、その説明は別の機会に譲る。ここで注目すべきは、前ページの漫画の三コマ目にあるように、外務省がこの密約文書を北米局長室の金庫にしまい込んでその存在を隠蔽する一方、アメリカはそこからAとCの内容を切り出した「基地権密約」と、BとDの内容を切り出したような「朝鮮戦争・自由出撃密約」という二つの密約文書をあらかじめ別につくっておき、同じ一九六〇年一月六日に藤山外務大臣にサインさせていたということだ。

その後、それら新たに切り出された二つの密約が、漫画4コマ目のとおり、安保改定後の「日米合同委員会」と「日米安保協議委員会（現在の「2＋2《ツープラスツー》」）」の議事録に、それぞれ編入されたことがわかっている。だが、なぜそんなことをする必要があったのか。

■誰もきちんと安保条約を読んでいなかった

その間の経緯をくわしく検証するなかで気づいたのが「三つ目の盲点」、つまり「新安保条約・第六条後半」の持つ異常性だ。まず左の条文を読んでほしい。

旧安保条約・第三条（要約）

「日本における米軍の法的権利は、両政府間の行政上の協定で決定《デイターミン》する」

←

新安保条約・第六条後半（要約）

「日本における米軍の法的権利は、日米地位協定及び、合意される他の取り決めで決定《ガヴァーン》する」

自戒を込めて告白するが、たった五条しかない旧安保条約と、たった一〇条しかない新安保条約、その条文を私を含めてこれまで日本人は、誰もきちんと読んでいなかったのだ。

右側の旧安保条約・第三条の傍点部分は、外務省訳の日本語の条文では「両政府間の行政協定で決定する」と書かれている。だから研究者もみんな、これを条文化された正規の「日米行政協定（the Administrative Agreement）」のことだと、ずっと疑わずに思っていた。

ところが英語の原文は「政府間の行政上の協定（administrative agreements）で決定する」

つまり国会を関与させずに、政府と政府の合意（政府間協定）だけですべて決定すると書かれている*。

加えて最大の問題は、日米安保の規定（行政協定第二六条、地位協定第二五条）では、その「政府間の合意」をおこなうのが、日本政府とアメリカ政府そのものではなく、日本の官僚と在日米軍の幹部、そう、あの密室の協議機関「日米合同委員会」だということなのだ。

その結果、日本がまだ占領下にあった朝鮮戦争で、米軍が日本の官僚組織に直接指示をあたえて戦争協力させていた体制が、独立後もそのまま温存されることになってしまったのである。

ここまでが旧安保時代の話だ。そしてここからが、問題の新安保条約の話になる。三七九ページの新安保条約・第六条後半を見てほしい。在日米軍の法的権利は、「日米地位協定及び、合意される他の取り決めで決定する」と書かれている。実はこの「合意される他の取り決め」という言葉のなかに、新安保条約の締結後、日米合同委員会でおこなわれることになる密室合意と、加えて安保改定で新設された「日米安保協議委員会」（およびその下部組織）でおこなわれることになる密室合意が、すべて含まれるということなのだ。

この新安保条約の基本構造がわかると、なぜ「討議の記録」という密約の原本から、わざわざ二つの独立した密約（「基地権密約」と「朝鮮戦争・自由出撃密約」）を新たに切り出して、藤山外務大臣にサインをさせ、安保改定後の日米合同委員会と日米安保協議委員会の議事録に編入する必要があったかがわかる。

まず「基地権密約」とは「旧安保時代の米軍の権利は、安保改定後も変わらず続く」という密約だ（↓九二ページ）。その文書が安保改定後の日米合同委員会の議事録に編入された結果、それまで旧安保時代に同委員会でおこなわれてきた膨大な秘密合意がすべて、先の「日米地位協定及び、〔今後〕合意される他の取り決めで決定する」という条文にもとづき、国会で批准された日米地位協定の条文と同じ法的効力を持つことになってしまったのだ。

次に「朝鮮戦争・自由出撃密約」とは「朝鮮戦争が起きたときは米軍の自由出撃を認める」という密約だ。その文書が安保改定で新設された日米安保協議委員会の議事録に編入された結果、それまで主に米軍基地の使用（基地権）についておこなわれていた、日本の国会を関与させない形で米軍が日本の官僚に直接指示を与えるシステムが、朝鮮戦争の再開を前提とした米軍と自衛隊との共同軍事行動（指揮権）の分野にまで拡大されてしまった。

事実その後、国会がまったく関与しないうちに、日本国憲法の規定を超えるような内容を含む第一次・第二次・第三次のガイドライン（「日米防衛協力のための指針」）が、この日米安保協議委員会の下部組織で作られていくことになったのである。

＊―アメリカでは条約締結権は大統領にあるが、上院の三分の二以上の賛成を必要とするため、大

統領が立法府の承認なく他国と政府間協定（executive agreement）を結ぶ権限が慣例として幅広く確立している。米軍部の考えた日米安保は、この形を使って日本の国会を一切関与させずに日本を軍事利用する体制だった。

■輝ける未来のためにすべきこと

このような構造を知ると、せっかく盛り上がりつつある地位協定の改定運動に水をかけるようで大変申し訳ないのだが、いくら地位協定の条文を変えても、新安保条約・第六条後半の「及び、合意される他の取り決め（で決定する）」という部分を削除しないかぎり、なんの意味もないことがわかる。この短い文言のなかにはすでにご説明したとおり、日米合同委員会だけでも（安保改定以前と以後をあわせて）一六〇〇回を超える、密室での秘密合意の内容がすべて含まれているからだ。

だから地位協定を本気で改定しようとするなら、必ず新安保条約・第六条から右の傍点部分を削除したうえで、改定をおこなう必要がある。つまりそれは非常にミニマムな形ではあるが「安保再改定」にならざるをえないということだ。

「いや、地位協定の改定だけでもハードルが高いのに、安保再改定なんて絶対無理だよ」

とあなたは思うかもしれない。けれどもそんなことは、まったくないのだ。国会で正式に批准された「日米地位協定の条文」と、過去七〇年にわたって密室で蓄積された秘密合意が、法的に同じ効力をもつことを定めたこのメチャクチャな条文。まともな親米政権をつくって「ここだけは占領期の取り決めが継続してしまったものなので、変えることに同意してほしい」といえば、断ることのできるアメリカの官僚も政治家も絶対に存在しない。

いま東アジアでは、世界史レベルの変化が起こりつつある。昨年（二〇一八年）三月から韓国の文在寅《ムンジェイン》大統領がスタートさせた入念かつ大胆な平和外交が、その巨大な変化を生んでいるのだ。

それに比べて日本の解決すべき課題は、なんとちっぽけなことだろう。

「新安保条約・第六条の一部削除」
「日米地位協定の改定」
「日米安保の問題については憲法判断しないとした砂川裁判・最高裁判決（↓五八ページ）の無効化」

この三つさえおこなえば、在日米軍を日本の国内法のコントロール下におくことが可能となり、現在の歪んだ日米関係は必ず劇的に改善する。

だからこの「最小限の安保再改定」と「地位協定改定」と「砂川裁判・最高裁判決の無効化」の三つで、まず野党の指導者が合意し、それに自民党の良識派も足並みをそろえてみてはどうか。そして国家主権の喪失という大問題を解決したあと、またそれぞれの政治的立場に帰って議論を戦わせればいい。逆に、ここまで私が説明してきた法的構造を理解した上で、それでもなお、右の三つに怖くて手をつけられないという政治家は、日本という国の政治指導者の座から、すぐに退場させるべきだ。

この本当に小さな変更さえおこなえば、その先に、われわれ日本人が望んでやまない、

「みずからが主権をもち、憲法によって国民の人権が守られる、本当の意味での平和国家としての日本」

という輝ける未来が、訪れることになる。

そのことが、現在の私が、この本を書いた五年前の私に報告したいことなのである。

（以上、詳しくは『知ってはいけない2』講談社現代新書　参照）

本書は二〇一四年一〇月に集英社インターナショナルより刊行された『日本はなぜ、「基地」と「原発」を止められないのか』を文庫化したものです。文庫化にあたっては、視点を現在（二〇一九年）に移したのち、最小限の変更を加えました。

矢部宏治―1960年兵庫県生まれ。慶應義塾大学文学部卒業。株式会社博報堂マーケティング部を経て、1987年より書籍情報社代表。著書に『知ってはいけない――隠された日本支配の構造』『知ってはいけない2――日本の主権はこうして失われた』（以上、講談社現代新書）、『本土の人間は知らないが、沖縄の人はみんな知っていること――沖縄・米軍基地観光ガイド』（書籍情報社）、『天皇メッセージ』（小学館）、共著書に『本当は憲法より大切な「日米地位協定入門」』（創元社）などがある。

講談社＋α文庫 日本《にほん》はなぜ、「基地《きち》」と「原発《げんぱつ》」を止《と》められないのか

矢部宏治《やべこうじ》

2019年2月20日第1刷発行

発行者――渡瀬昌彦
発行所――株式会社 講談社
東京都文京区音羽2-12-21 〒112-8001
電話 編集(03)5395-3522
販売(03)5395-4415
業務(03)5395-3615
デザイン――鈴木成一デザイン室
カバー印刷――凸版印刷株式会社
印刷――豊国印刷株式会社
製本――株式会社国宝社
本文データ制作――講談社デジタル製作

落丁本・乱丁本は購入書店名を明記のうえ、小社業務あてにお送りください。
送料は小社負担にてお取り替えします。
なお、この本の内容についてのお問い合わせは
第一事業局企画部「＋α文庫」あてにお願いいたします。
Printed in Japan ISBN978-4-06-514828-0
定価はカバーに表示してあります。

講談社+α文庫 Ⓖビジネス・ノンフィクション

男はつらいらしい　奥田祥子
女性活躍はいいけれど、男だってキツイんだ。その秘めたる痛みに果敢に切り込んだ話題作
640円 G 293-1

永続敗戦論　戦後日本の核心　白井聡
「平和と繁栄」の物語の裏側で続いてきた戦後日本体制のグロテスクな姿を解き明かす
780円 G 294-1

*毟り合い　六億円強奪事件　永瀬隼介
日本犯罪史上、最高被害額の強奪事件に着想を得たクライムノベル。闇世界のワルが群がる！
800円 G 295-1

証言　零戦　生存率二割の戦場を生き抜いた男たち　神立尚紀
無謀な開戦から過酷な最前線で戦い続け、生き延びた零戦搭乗員たちが語る魂の言葉
860円 G 296-1

証言　零戦　大空で戦った最後のサムライたち　神立尚紀
零戦誕生から終戦まで大空の最前線で戦い続けた若者たちのもう二度と聞けない証言！
950円 G 296-2

証言　零戦　真珠湾攻撃、激戦地ラバウル、そして特攻の真実　神立尚紀
特攻機の突入を見届け続けたベテラン搭乗員の真情。『証言　零戦』シリーズ第三弾！
1000円 G 296-3

証言　零戦　搭乗員がくぐり抜けた地獄の戦場と激動の戦後　神立尚紀
「慶應の書生」から零戦搭乗員となった江戸幕府旗本の孫はなぜ特攻を志願したのか？
1000円 G 296-4

*紀州のドン・ファン　美女4000人に30億円を貢いだ男　野崎幸助
50歳下の愛人に大金を持ち逃げされた大富豪。戦後、裸一貫から成り上がった人生を綴る
780円 G 297-1

*紀州のドン・ファン　野望篇　私が「生涯現役」でいられる理由　野崎幸助
美女を抱くためだけにカネを稼ぎまくる男が「死ぬまで現役」でいられる秘訣を明かす
780円 G 297-2

*政争家・三木武夫　田中角栄を殺した男　倉山満
政治ってのは、こうやるんだ！「クリーン三木」の実像は想像を絶する政争の怪物だった
630円 G 298-1

*印は書き下ろし・オリジナル作品

表示価格はすべて本体価格(税別)です。本体価格は変更することがあります